Schuster / Springer-Kremser • Bausteine der Psychoanalyse

WUV-STUDIENBÜCHER

Peter Schuster
Marianne Springer-Kremser

Bausteine
der
Psychoanalyse

Eine Einführung in
die Tiefenpsychologie

WUV ▲ UNIVERSITÄTSVERLAG

Die Deutsche Bibliothek – CIP-Einheitsaufnahme

Schuster, Peter:
Bausteine der Psychoanalyse : eine Einführung in die Tiefenpsychologie /
Peter Schuster; Marianne Springer-Kremser. - Wien : WUV-Univ.-Verl., 1994
ISBN 3-85114-067-2
NE: Springer-Kremser, Marianne:

3. Auflage 1994
Copyright © 1991 WUV-Universitätsverlag, Berggasse 5, A-1090 Wien
Der Abdruck der Freud-Texte auf den Seiten 52–64 und 81–83
erfolgt mit freundlicher Genehmigung des S. Fischer Verlages, Frankfurt a. M.
Umschlagbild: „Three Portraits of Sigmund Freud" von Joseph Kosuth (1987),
mit freundlicher Genehmigung der Galerie & Edition Artelier, Graz
Alle Rechte, insbesondere das der Vervielfältigung
und der Verbreitung sowie der Übersetzung, sind vorbehalten
Satz und Druck: WUV-Universitätsverlag
Printed in Austria
ISBN 3-85114-067-2

Vorwort

Das vorliegende Buch gibt eine einführende Darstellung der Tiefenpsychologie für Studierende, Ärzte, Psychotherapeuten und interessierte Laien. Die Texte wurden unter Zuhilfenahme einer Transkription der Vorlesung „Einführung in die Tiefenpsychologie I", wie sie im WS 90/91 gehalten wurde, fertiggestellt.

Die gesetzliche Regelung der Ausübung der Psychotherapie in Österreich als Psychotherapiegesetz gibt wohl Anlaß, sich auf jene Theorie zu besinnen, welche die Grundlage vieler psychotherapeutischer Schulen und Theorien ist: die Tiefenpsychologie Sigmund Freuds.

Entsprechend den Forderungen, welche an einen universitären Diskurs der Theorie der Tiefenpsychologie gestellt sind, haben wir wichtige Fortentwicklungen und Ergänzungen dieser Theorie berücksichtigt; z. B. Ergänzungen der Objektbeziehungstheorie durch M. Mahler und Neuformulierungen der Narzißmustheorie nach O. F. Kernberg.

Wir wünschen uns aber, daß es uns gelingen möge, bei den Lesern das Interesse für Primärliteratur zu wecken: Aus diesem Grund wurden Originalzitate von S. Freud einbezogen, die durch ihre stilistische Einmaligkeit bestechen.

Die Gewichtigkeit der Konflikttheorie ist uns wohl als Kliniker ein Anliegen, daneben soll aber der reformative und präventive Ansatz des tiefenpsychologischen Denkmodells nicht gering eingeschätzt weden. Schließlich ist das Ziel einer konsequenten Umsetzung der Kenntnisse der Tiefenpsychologie von der Theorie in die gesellschaftliche Realität eine Veränderung der Bedingung des menschlichen Zusammenlebens in vielen Bereichen, wie z. B. die Pädagogik, die Strafrechtspflege und die Psychiatrie.

Erst tiefenpsychologische Erkenntnisse haben es ermöglicht, den Sinn bestimmter psychologischer Phänomene zu erfassen und damit auch die Grenzen der Veränderbarkeit durch therapeutische Einflüsse zu erweitern.

Vorwort zur 3. Auflage

Seit dem Erscheinen dieses Bandes sind bald 3 Jahre verstrichen. Das Interesse, das das Thema fächerübergreifend gefunden hat, macht eine neue Auflage notwendig. In dieser kurzen Zeit haben sich selbstverständlich keine Veränderungen in der Theorie der Tiefenpsychologie ergeben. Das Buch erscheint dementsprechend bis auf einige stilistische Korrekturen in unveränderter Form. Möge es weiterhin einen wichtigen Beitrag zu einer ersten Begegnung mit den wesentlichen Inhalten der Psychoanalyse Sigmund Freuds und seiner Nachfolger bieten.

Inhaltsverzeichnis

1. Vorlesung

Einführung in die Tiefenpsychologie

Lehrziel:

*Psychoanalyse: Definition und Abgrenzung; Verständnis der psychoanaly-
tischen Situation und Technik sowie der psychoanalytischen Bewegung aus
einer historischen Perspektive*

Weiterführende Literatur:

Sigmund FREUD:
- – Ratschläge für den Arzt bei der psychoanalytischen Behandlung, 1912;
- – Das Interesse an der Psychoanalyse, 1913;
- – Zur Geschichte der psychoanalytischen Bewegung, 1914;
- – Wege der psychoanalytischen Therapie, 1918;
- – Selbstdarstellung, 1925;
- – Die Zukunft einer Illusion, 1927;
- – Das Unbehagen in der Kultur, 1930; in: Gesammelte Werke, S. Fischer;

Henry F. ELLENBERGER: Die Entdeckung des Unbewußten; Diogenes
Taschenbuch;

Peter GAY: Freud; S. Fischer;

Ernest JONES: Das Leben und Werk Sigmund Freuds; Huber;

Harald LEUPOLD-LÖWENTHAL: Handbuch der Psychoanalyse; Orac.

Stichworte:

*Psychoanalyse als Untersuchungsmethode, als Heilmethode, als Wissen-
schaft; Definition des Unbewußten; psychoanalytische Situation; psychoanalytische Standardmethode; Widerstände gegen die Psychoanalyse;
Kurzbiographie von Sigmud Freud; psychoanalytische Bewegung*

Psychoanalyse

Definition: Psychoanalyse ist der Name
1. eines Verfahrens zur Untersuchung seelischer Vorgänge, welche anders kaum
   zugänglich sind;
2. einer psychotherapeutischen Methode, die dieses Verfahren auf die Erforschung
   und Behandlung psychischer Störungen und Erkrankungen anwendet;

3. einer Wissenschaft, die die so gewonnenen Einsichten über die Enstehung und den Ablauf seelischer Vorgänge zu einer umfassenden Theorie psychischer Funktionen erweitert hat;

4. eines kultur- und gesellschaftskritischen Ansatzes, der sich dieser Erkenntnisse bei dem Diskurs über die kulturellen Normen und die herrschende Moral bedient.

Die Psychoanalyse ist ein spezielles Verfahren zur Untersuchung seelischer Vorgänge, die sonst kaum zugänglich sind.

Das Unbewußte / Unbewußt / Vorbewußt

„Die Unterscheidung des Psychischen in Bewußtes und Unbewußtes ist die Grundvoraussetzung der Psychoanalyse und gibt ihr allein die Möglichkeit, die ebenso häufigen als wichtigen pathologischen Vorgänge im Seelenleben zu verstehen, der Wissenschaft einzuordnen. Nochmals und anders gesagt: die Psychoanalyse kann das Wesen des Psychischen nicht ins Bewußtsein verlegen, sondern muß das Bewußtsein als eine Qualität des Psychischen ansehen, die zu anderen Qualitäten hinzukommen oder wegbleiben mag" (S. Freud, 1923, Ges. W. XIII, 239).

Freud (wieder)entdeckte, daß wesentliche Anteile seelischer Vorgänge nicht bewußt sind. Bei näherer Untersuchung dieses Phänomens fand er heraus, daß es sich dabei nicht um die Auswirkung eines krankhaften Vorgangs handelte, sondern daß er damit ein signifikantes Merkmal psychischer Funktionen beschrieben hatte. Unbewußt wird unter zwei Gesichtspunkten verwendet: einmal wird damit (deskriptiv) festgestellt, ob ein seelisches Element zu einem bestimmten Zeitpunkt im Bewußtsein (bewußt) ist oder nicht (deskriptiv unbewußt; dynamisch vorbewußte und unbewußte Elemente).

Zum anderen wird ein dynamischer Aspekt mitberücksichtigt, d. h. es soll das psychische Kräfteverhältnis, das dafür verantwortlich ist, daß ein bestimmtes seelisches Element bewußt werden kann oder nicht, in die Begriffsbestimmung eingehen:

- „bewußt" werden dann jene seelischen Elemente genannt, die zu einem bestimmten Zeitpunkt im Bewußtsein anzutreffen sind;
- „vorbewußt" heißen die Elemente, die zwar prinzipiell bewußtseinsfähig sind, aber zu einem bestimmten Zeitpunkt nicht im Bewußtsein vorhanden sind, mit Hinwendung der Aufmerksamkeit jedoch leicht ins Bewußtsein gerückt werden können;
- (dynamisch) „unbewußt" sind dann lediglich jene Elemente zu nennen, die auch unter noch so großen seelischen Anstrengungen zu einem bestimmten Zeitpunkt nicht ins Bewußtsein gehoben werden können. Das psychische System, das die dynamisch unbewußten seelischen Elemente enthält, wird von der Psychoanalyse „das Unbewußte" genannt.

Definition: Das Adjektiv „unbewußt" wird allen seelischen Inhalten beigefügt, die zu einem bestimmten Zeitpunkt nicht im aktuellen Bewußtseinsfeld vorhanden sind; das Substantiv „das Unbewußte" bezeichnet ein psychisches System, das sich aus (dynamisch) unbewußten, d. h. aus von vornherein gar nicht zum Bewußtsein zugelassenen oder verdrängten psychischen Inhalten zusammensetzt.

Psychoanalyse als Heilmethode

Heute werden in einer eher weiten Begriffsbestimmung alle psychotherapeutischen Methoden, die von einem Psychoanalytiker angewandt werden und die psychoanalytischen Behandlungsrichtlinien folgen, unter der Rubrik „Psychoanalytische Psychotherapie" zusammengefaßt. In dieser Einteilung ist die Psychoanalyse eine unter mehreren, derzeit in Gebrauch stehenden psychotherapeutischen Anwendungen psychoanalytischer Theorien und Behandlungstechniken. Historisch gesehen stellt die Psychoanalyse die erste zusammenhängende Technik dar, die in ihren Grundzügen noch von Freud selbst entwickelt worden war. Diese (behandlungs-)technischen Regeln erfuhren in der weiteren Folge sowohl in bezug auf ihre Anwendungsbreite als auch in bezug auf die Behandlungsrichtlinien noch erhebliche Veränderungen. Heute stellt die Psychoanalyse als „Standardmethode" (auch als „klassische Analyse" bezeichnet) diejenige psychoanalytische Behandlungsmethode dar, die in ihrer Durchführung den höchsten Grad an Normierung erreicht hat. Für eine Reihe anderer psychoanalytischer Therapieverfahren wurden in den letzten 10–20 Jahren ebenfalls für das jeweilige Setting spezifische Techniken entwickelt: expressive psychoanalytische Psychotherapie (Kernberg), psychoanalytische Gruppentherapie (Foulkes), psychoanalytische Fokaltherapie (Malan), psychoanalytische Kurztherapie (Bellak), etc.

Die Psychoanalyse (Standardmethode)

Die „klassische" Psychoanalyse wird im allgemeinen mit relativ standardisierten **Rahmenbedingungen (= Setting)** durchgeführt. Diese Rahmenbedingungen prägen die Übereinkünfte zwischen dem Patienten (Analysanden) und dem Therapeuten (Analytiker). In einer für beide Seiten verbindlichen Vereinbarung werden Frequenz (international üblich sind derzeit Wochenstundenfrequenzen von vier oder fünf, seltener auch nur drei) und Dauer der „Stunden" (im allgemeinen 45 oder 50 Minuten), Zahlungsbedingungen wie die Höhe des Honorars und der Zeitpunkt der Bezahlung (z.B: in der letzten Stunde des Monats) und ein grundsätzliches Einverständnis über die anzuwendende Methode (Patient liegt während der Sitzung entspannt auf der „Couch", Analytiker sitzt dahinter, Verwendung der Methode der Freien Assoziation durch den Patienten, der Analytiker beschränkt sich auf die Aufgabe des Verstehens der so entstehenden Mitteilungen des Patienten und formuliert seine Mitteilungen unter Verzicht auf direkte Ratschläge in Form von Deutungen, etc.). Diese Form von Vereinbarung wird **therapeutischer Kontrakt** genannt und legt die Bedingungen fest, die Analysand und Analytiker in Hinblick auf ihre zukünftige Zusammenarbeit akzeptieren. Von seiten des Therapeuten verlangt dies die Fähigkeit als Analytiker dem Patienten zur Verfügung stehen zu können (Grundvoraussetzung: Ausbildung zum Psychoanalytiker; auch die Ausbildung zum Psychoanalytiker ist heute bereits weitgehend normiert!). Von seiten des Patienten ist als Grundvoraussetzung dessen Kontraktfähigkeit zu forden, d. h. er muß willens und in der Lage sein, die Verantwortung für sich selbst und andere zu tragen und die Vereinbarungen, die für die Durchführung einer Psychoanalyse notwendig sind, einzuhalten.

Das Setting der Psychoanalyse
(Die psychoanalytische Situation)

Im allgemeinen treffen sich Psychoanalytiker und Analysand zu festgesetzten Stunden 4mal in der Woche. Der Analysand hat sich auf die **„technische Grundregel"** verpflichtet, d. h. in Freuds eigener Anleitung:

„Man leitet die Behandlung ein, indem man den Patienten auffordert, sich in die Lage eines leidenschaftslosen Selbstbeobachters zu versetzen, immer nur die Oberfläche seines Bewußtseins abzulesen und einerseits sich die vollste Aufrichtigkeit zur Pflicht zu machen, anderseits keinen Einfall von der Mitteilung auszuschließen, auch wenn man
1. ihn allzu unangenehm empfinden sollte, oder wenn man
2. urteilen müßte, er sei unsinnig,
3. allzu unwichtig,
4. gehöre nicht zu dem, was man suche." (S. Freud, 1923, Ges. W. XIII, 215).

Um dieses Verfahren der **„Freien Assoziation"** noch zu erleichtern, wird der Patient aufgefordert, sich entspannt auf die Couch zu legen. Der Analytiker sitzt dahinter, entzieht sich damit dem Blick des Patienten, der dadurch eine größere Unabhängigkeit bei der Hervorbringung seiner Einfälle genießt. Der Methode der freien Assoziation liegt die Überzeugung zugrunde, daß bei psychischen Vorgängen nichts wirklich „zufällig" geschehe, sondern alles Psychische eine strenge „Determinierung" erkennen lasse. So geschieht es häufig, daß der Analysand auf die Aufforderung: „Was fällt Ihnen dazu ein?" Assoziationen produziert, die die Bedeutung eines bis dahin noch nicht verstandenen Sachverhaltes klären helfen. Die Tätigkeit des Analytikers besteht in dem beständigen Versuch, die „Einfälle" des Analysanden zu verstehen und in Mitteilungen zu verwandeln, die dem Analysanden einen besseren Zugang zu bisher nicht zugänglichen Bereichen seines Wollens und Müssens ermöglichen. Für diese Haltung des Analytikers wird eine dem Analysanden spiegelbildliche innere Einstellung empfohlen, die es dem Analytiker erlauben soll, ohne die Einschränkungen intellektueller oder emotionaler Vorurteile den Einfällen des Analysanden zuzuhören: **„gleichschwebende Aufmerksamkeit"** des Analytikers. Diese Haltung fördert eine neutrale, wohlwollende Umgangsform von seiten des Analytikers und erleichtert die Befolgung einer weiteren bereits von Freud aufgestellten Behandlungsregel (**Abstinenzregel**):

„Die analytische Kur soll, soweit es möglich ist, in der Entbehrung – Abstinenz – durchgeführt werden ... Unter Abstinenz ist aber nicht die Entbehrung einer jeglichen Befriedigung zu verstehen – das wäre natürlich undurchführbar – auch nicht, was man im populären Sinne darunter versteht, die Enthaltung vom sexuellen Verkehr, sondern etwas anderes, was mit der Dynamik der Erkrankung und der Herstellung weit mehr zu tun hat ... Einerseits ist der Patient, dessen Kranksein durch die Analyse erschüttert worden ist, aufs emsigste bemüht, sich an Stelle seiner Symptome neue Ersatzbefriedigungen zu schaffen, denen nun der Leidenscharakter abgeht ... Man hat die Aufgabe, alle diese Abwege aufzuspüren und jedesmal von ihm den Verzicht zu verlangen, so harmlos die zur Befriedigung führende Tätigkeit auch an sich erscheinen mag ... Leichter wird ihm (dem Analytiker) aber die Verwahrung gegen die zweite, nicht zu unterschätzende Gefahr, von der die Triebkraft der Analyse bedroht wird. Der Kranke sucht vor allem die Ersatzbefriedigung in der Kur selbst im Übertragungsverhältnis zum Arzt und kann sogar danach streben, sich auf diesem Wege für allen ihm sonst auferlegten Verzicht zu entschädigen ..." (S. Freud, 1919, Ges. W. XII, 187–189).

Widerstände gegen die Psychoanalyse

Durch ihre Kultur- und Gesellschaftskritik machte sich die Psychoanalyse von Anfang an die großen sozialen Institutionen zu ihren Gegnern: da sie empfahl, der „Kulturheuchelei" (S. Freud, 1925, Ges. W. XIV, 106) ein Ende zu bereiten und „mit der Strenge der Triebverdrängung nachzulassen und dafür der Wahrhaftigkeit mehr Raum zu geben", wurde sie als „kulturfeindlich" und als „soziale Gefahr" eingestuft. Darüberhinaus hat „sie das Individuum [durch ihre Trieblehre] beleidigt, insofern es sich als Mitglied der sozialen Gemeinschaft fühlte ... Die Psychoanalyse machte dem Märchen von der asexuellen Kindheit ein Ende, wies nach, daß sexuelle Interessen und Betätigungen bei kleinen Kindern vom Anfang des Lebens an bestehen ..." (S. Freud, 1925, Ges. W. XIV, 107–108).

Freud war deshalb davon überzeugt, daß viele der Einwände, die gegen die Ergebnisse der Psychoanalyse vorgebracht wurden, nur zu einem geringen Teil intellektueller Natur waren, zu einem wesentlicheren Teil aber aus affektiven Quellen stammen würden: „Der größere Anteil rührt davon her, daß durch den Inhalt der Lehre starke Gefühle der Menschheit verletzt worden sind ... Die psychoanalytische

Auffassung vom Verhältnis des bewußten Ichs zum übermächtigen Unbewußten [bedeute] eine schwere Kränkung der menschlichen Eigenliebe" (S. Freud, 1925, Ges. W. XIV, 109). Diese Kränkung wurde von Freud die psychologische genannt und in eine Reihe gestellt mit der biologischen durch die Deszendenztheorie Darwins und der kosmologischen durch die Entdeckung des Kopernikus.

Kurze Biographie Sigmund Freuds (1856–1939)

Sigmund Freud wurde 1856 in Freiberg in Mähren (damals Österreich-Ungarn) geboren. Der familiäre Hintergrund ist der einer jüdischen Mittelklassefamilie, der Vater Kallamon Jacob (1815–1896) war ein aus Gallizien stammender Wollkaufmann. Sigmund war das älteste und das erklärte Lieblingskind der dritten Frau seines Vaters, Amalie Nathanson (1835–1930), die ihrem Mann noch fünf weitere Kinder gebar (vier von Freuds Schwestern wurden 1942 in Ausschwitz umgebracht). Die zwei großen Stiefbrüder aus der ersten Ehe Jacob Freuds waren mehr als 20 Jahre älter als er.

1859 übersiedelte die Familie wegen größerer ökonomischer Probleme nach Wien, um sich hier in der Leopoldstadt niederzulassen. Die beiden Stiefbrüder wanderten nach Manchester aus, damals ein Zentrum des Wollhandels. Freud spielte mehrmals in seinem Leben mit der Idee, zu ihnen nach England zu gehen.

1873 begann Freud mit seinem Medizinstudium. Von 1876 bis 1882 arbeitete er unter Ernst Wilhelm Ritter von Brücke am Physiologischen Institut in Wien. Seine Veröffentlichungen, mit denen er bereits während des Studiums begann, betrafen damals vor allem die Physiologie und Anatomie des Zentralnervensystems. 1881 wurde er zum Doktor der Medizin pomoviert und arbeitete dann von 1882 bis 1885 im Allgemeinen Krankenhaus unter Theodor Meynert auf der Neurologie. Eine Reihe interessanter Publikationen unter anderem über aphasische Störungen ermöglichten es dann Ernst Wilhelm Ritter von Brücke, Hermann Nothnagel wie auch Theodor Meynert, Freud in seinem Ansuchen um eine Dozentur für Neuropathologie zu unterstützen; dieses Ansuchen wurde Freud 1885 bewilligt. Sowohl diese Vorschläge wie auch die Aufnahme auf der Medizinischen Fakultät ganz allgemein waren solange wohlwollend bis enthusiastisch, solange sich Freud nicht zunehmend mit psychologischen Ideen zu beschäftigen begann, die damals entweder als nicht wissenschaftlich oder als gesellschaftlich verpönt galten.

Freud verlobte sich im Juni 1882 mit Martha Bernays, deren Eltern aus Hamburg stammten; der unvorhergesehene Tod ihres Vaters zwang die Bernays nach Hamburg zurückzukehren, und da Freud noch keine Familie ernähren konnte, führte dies zu einer mehrjährigen Trennung von seiner Verlobten.

1884 bis 1887 veröffentlichte Freud seine Untersuchungen über den klinischen Gebrauch von Kokain. 1885 erhielt er ein Stipendium, das es ihm ermöglichte, für ein Jahr zu Jean-Martin Charcot nach Paris an die berühmte Salpetriere zu gehen und sich von den Fortschritten der Französischen Schule auf dem Gebiet der Hypnose besonders bei der Behandlung der Hysterien zu überzeugen. Darüber hinaus hatte Freud Gelegenheit, sich in Nancy bei Bernheim über die dort gebräuchlichen psychotherapeutischen Techniken (vorwiegend suggestive Methoden, auch hier vor allem Hypnose) zu informieren und deren Gebrauch zu erlernen. Diese Erfahrungen waren wohl auch für den Wandel von Freuds Interessen weg von der Neurologie und hin zu psychischen Erkrankungen entscheidend. Vorerst brachte ihm das neuerwachte Interesse lediglich Rückschläge: sein erster Vortrag nach seiner Rückkehr aus Paris vor der Gesellschaft der Ärzte „Über männliche Hysterie" stieß auf völliges Unverständnis und Ablehnung. Die 1886 in der Rathausstraße 7 eröffnete Privatpraxis sicherte so weit sein Einkommen, daß er endlich an eine Heirat denken konnte. Zuerst wohnten die jungen Freuds in einer neuen Wohnung an der Ringstraße, wo Martha auch die ersten drei der insgesamt sechs Kinder gebar. 1891 übersiedelten sie in die Berggasse 19, die Freud erst mit seiner Vertreibung am 3. 6. 1938 wieder verlassen sollte. Die gesamte Zeit über arbeitete er zusätzlich unentgeltlich dreimal in der Woche am Ersten Wiener Kinderkrankeninstitut in der Steindlgasse 2.

In enger Zusammenarbeit mit seinem Freund Josef Breuer (1842–1925), einem beliebten Wiener Internisten und Physiologen, entwickelten sich die ersten Vorstellungen über hysterische Erkrankungen, die in der Publikation der „Studien über Hysterie" (1895) gipfelten und die bereits die Trennung der beiden Männer wegen schwerwiegender wissenschaftlicher Meinungsverschiedenheiten ankündigten. Bis dahin hatten neurotische Erkrankungen vorwiegend als ein Nervenleiden gegolten, eine vermutlich angeborene Schwäche des Nervensystems, das die Erkrankten zu minderwertigen Menschen degradierte. Freud hingegen kam zur Auffassung – die in dieser ersten Formulierung noch die Unterstützung von Breuer fand –, daß sich die hysterischen Symptome (wie z. B. Lähmungen oder Bewußtseinsveränderungen) auf aufgestaute, „eingeklemmte" Affekte zurückführen ließen, die, einmal abreagiert bzw. erinnert, zu einer Linderung oder Auflösung der Symptomatik führen würden. Erst als Freud begann, den Ursprung dieser Affekte in einen Zusammenhang mit der Sexualität, besonders aber mit der damals völlig verleugneten kindlichen Sexualität zu stellen, konnte und wollte Breuer Freud nicht weiter unterstützen, sodaß es schließlich zum Bruch kam.

Dieser Verlauf einer Freundschaft mit abschließender Entfremdung wird sich in Freuds Leben mehrmals noch wiederholen; z. B. in der Beziehung zu:

Wilhelm Fliess (1858–1928), einem Berliner Hals-, Nasen- und Ohrenspezialisten, der es Freud ermöglichte, sich einer „Selbstanalyse" zu unterziehen, indem er mit Fliess vorwiegend brieflich viele der auftauchenden Probleme „besprechen" konnte (1887–1902).

Alfred Adler (1970–1937), langjähriger Schüler Freuds und Chefredakteur der damaligen psychoanalytischen Zeitschrift, brach mit Freud im Jahre 1911 und gründete die Schule der Individualpsychologie; „Alfred Adler brachte manche Momente der Psychoanalye unter anderem Namen wieder, z. B. die Verdrängung in sexualisierter Auffassung als „männlichen Protest", sah aber sonst vom Unbewußten und von den Sexualtrieben ab und versuchte Charakter- wie Neurosenentwicklung auf den Willen zur Macht zurückzuführen, der die aus Organminderwertigkeiten drohenden Gefahren durch Überkompensation hintanzuhalten strebt" (S. Freud, 1923, Ges. W. XIV, 224).

C. G. Jung (1875–1961), einem Schweizer Psychiater, der die Lehre vom kollektiven Unbewußten und den Archetypen entwickelte und damit zunehmend in Gegensatz zu Freuds Vorstellungen vom Unbewußten geriet, sodaß eine Abspaltung – ebenfalls gefolgt von einer eigenen Schulbildung – im Jahre 1913 unumgänglich wurde; „C.G. Jung suchte ethischen Ansprüchen gerecht zu werden, entkleidete den Ödipus-Komplex seiner realen Bedeutung durch symbolisierende Umwertung und vernachlässigte in der Praxis die Aufdeckung der vergessenen, „prähistorisch" zu nennenden Kindheitsperiode" (S. Freud, 1923, Ges. W. XIV, 224).

Otto Rank (1884–1934), der mit der Betonung des „Geburtstraumas" in Gegensatz zu Freuds Angsttheorie gekommen war, trennte sich von ihm 1924.

Wilhelm Reich (1897–1957), einem glühenden Anhänger Freuds, der mit seiner „Charakteranalyse" einen wesentlichen Beitrag zu modernen psychoanalytischen Behandlungstechniken lieferte, sich aber dann zunehmend von der Psychoanalyse entfernte, schließlich aus der Internationalen Psychoanalytischen Vereinigung ausgeschlossen wurde und in der Emigration in den USA scheiterte.

Freud wurde 1902 der Titel eines außerordentlichen Professors der Wiener Universität durch Kaiser Franz Joseph verliehen.

Ab 1902 trafen sich die frühesten Anhänger Freuds zur „Psychologischen Mittwochgesellschaft" in Freuds Wartezimmer. 1908 wurde diese in die „Wiener Psychoanalytische Vereinigung" umbenannt und am 13. 4. 1910 als Verein gegründet; die „Internationale Psychoanalytische Vereinigung" wurde 1910 während des 2. Internationalen Psychoanalytischen Kongresses in Nürnberg auf Vorschlag Ferenczis ins Leben gerufen. 1910 wurde das „Zentralblatt für Psychoanalyse" zum ersten Mal veröffentlicht, 1913 wurde dieses Publikationsorgan durch die „Internationale Zeitschrift für ärztliche Psychoanalyse" abgelöst.

1922 entstand das Wiener Psychoanalytische Ambulatorium, das eine kostenlose psychoanalytische Behandlung ermöglichen sollte: die Mitglieder der psychoanalytischen Vereinigung waren verpflichtet, einen Teil ihrer Zeit diesem Ambulatorium zur Verfügung zu stellen. 1920 erhielt Freud endlich den Titel eines ordentlichen Professors an der Universität Wien, ein eigener Lehrstuhl wurde ihm jedoch nie zugestanden.

1923 wurde bei Freud ein Kieferkarzinom entdeckt und auch zum ersten Mal operiert. Zahlreiche weitere Operationen, Prothesen und Bestrahlungen waren in der Folge notwendig, sodaß Freud bis zu seinem Tode nicht mehr beschwerdefrei war und zeitweise sogar unter fürchterlichen Schmerzen zu leiden hatte, was sowohl seine sozialen Kontakte wie auch seine Arbeit deutlich behinderte.

1929 wurde Freud der Goethe-Preis der Stadt Frankfurt verliehen. Freud sah darin „den Höhenpunkt seines bürgerlichen Lebens". War Freud die breite Anerkennung in Fachkreisen verwehrt, so erfreute er sich doch immer größerer Beliebtheit bei den namhaften Künstlern seiner Zeit: eine von Thomas Mann persönlich überreichte Glückwunschadresse zum 80. Geburtstag war von 191 Künstlern gezeichnet, u.a. von Hermann Broch, Salvador Dalì, Alfred Döblin, Andre Gide, Knut Hamsun, Hermann Hesse, Aldous Huxley, James Joyce, Paul Klee, Andre Maurois, Robert Musil, Pablo Picasso, Bruno Walter, Franz Werfel, Thornton Wilder.

Am 3. 6. 1938 mußte Freud Wien verlassen, nachdem er – aufgefordert, der Gestapo zu bestätigen, daß er korrekt behandelt worden war – geschrieben hatte: „Ich kann die Gestapo jedermann empfehlen". Im Londoner Exil lebte Freud gezeichnet von seinem Leiden. Am 23. 9. 1939 setzte sein Arzt und Freund Max Schur auf seinen Wunsch dem Leiden durch eine Überdosis Morphium ein Ende.

Die psychoanalytische Bewegung

Wegen der zu erwartenden politischen Schwierigkeiten, die zum Teil den angebenen Widerständen gegen die Psychoanalyse, besonders von seiten der katholischen Kirche und dem wissenschaftlichen Establishment, entsprangen, zum (vielleicht sogar wesentlicheren) Teil antisemitischen Tendenzen anzulasten waren, rieten die mit Freud befreundeten Analytiker, eine Organisation aufzubauen, die der Psychoanalyse entsprechenden Schutz und hinreichende Förderung sicherstellen könnte. Die Gründung einer Internationalen Psychoanalytischen Vereinigung, die die nationalen psychoanalytischen Gruppierungen zusammenfassen sollte, war der wichtigste und erste Schritt in dieser Richtung. Mit ihr wurde eine internationale Organisationform geschaffen, die die Belange der Psychoanalyse und der Psychoanalytiker zu vertreten versucht. Darüber hinaus wacht sie über das Ausbildungsniveau der Psychoanalytiker, indem sie Ausbildungsrichtlinien erstellt, denen zu folgen die nationalen Ausbildungsorganisationen verpflichtet sind. Von der Internationalen Psychoanalytischen Vereinigung (IPA) wird alljährlich der „Roster der IPA" herausgegeben, in dem alle Mitglieder der Internationalen Psychoanalytischen Vereinigung namentlich aufgeführt werden.

2. Vorlesung

Triebe und Triebschicksale

Lehrziel:
Psychoanalytischer Triebbegriff; kindliche und erwachsene Sexualität, Perversion aus einer psychoanalytischen Perspektive

Weiterführende Literatur:
Sigmund FREUD:
- Drei Abhandlungen zur Sexualtheorie, 1905;
- Über infantile Sexualtheorien, 1908;
- Die Verdrängung, 1915;
- Triebe und Triebschicksale, 1915; in: Gesammelte Werke; S. Fischer

J. LAPLANCHE und J.-B. PONTALIS: Das Vokabular der Psychoanalyse; Suhrkamp
H. NAGERA: Psychoanalytische Grundbegriffe; S. Fischer.

Stichworte:
Trieb, Reiz, Instinkt; Triebenergie; Partialtriebe; Triebquelle, Triebziel, Triebobjekt; erogene Zonen; infantile Sexualität und normale erwachsene Sexualziele; Sexualobjekt; Aktivität/Passivität; Bisexualität; Triebschicksale; Verkehrung ins Gegenteil; Wendung gegen die eigene Person; Sadismus/Masochismus; Voyeurismus/Exhibitionismus; Sublimierung; Verdrängung

Trieb

Definition: Ein von einem inneren Drang ausgehender psychischer Vorgang, der das Individuum auf ein Ziel hinstreben läßt. Ausgangspunkt (**Triebquelle**) ist ein körperlicher Spannungszustand; das Ziel (**Triebziel**) ist die Aufhebung des herrschenden Spannungszustandes; am Objekt (**Triebobjekt**) oder mit Hilfe dieses Objekts kann der Trieb sein Ziel (**Triebbefriedigung**) erreichen.

In der Entwicklung einer umfassenden Theorie psychischer Vorgänge durch die Psychoanalyse behielt der Triebbegriff seinen zentralen Stellenwert, den er bereits am Beginn einer psychoanalytischen Theoriebildung von Freud zugesprochen erhalten hatte, auch wenn Freud selbst mehrere Revisionen vornehmen mußte, um seine theoretischen Vorstellungen den klinischen Erkenntnissen anzupassen. Mit **„Trieb"** versuchte Freud ein Konzept zu formulieren, das den als drängend erlebten psychischen Kräften gerechtwerden und gleichzeitig den biologischen Aspekt, d. h. die körperliche Qualität dieser Ursache jeder psychischen Aktivität hervorstreichen sollte. Der psychoanalytische Triebbegriff sollte vom Begriff des „**Instinkts**" der Ethnologie unterschieden werden, da letzterer wesentlich stärker das Angeborene von Reaktionsmustern betont, die einen Organismus dazu befähigen, selektiv auf bestimmte Reize bzw. Objekte der Umgebung zu reagieren. Zum Unterschied vom „**Reiz**", der durch vereinzelte und von außen kommende Erregungen hergestellt wird, wird der Trieb als „psychische Repräsentanz einer kontinuierlich fließenden, innersomatischen Reizquelle verstanden". (S. Freud, 1905, Ges. W. V, 67) Zum Verständnis wesentlich ist, daß „Trieb" als Konzept, als Konstrukt gedacht werden muß. „Trieb" kann nur erschlossen, gefolgert werden aus verschiedenen psychischen Erscheinungen: „Ein Trieb kann nie Objekt des Bewußtseins werden, nur die Vorstellung, die ihn repräsentiert", d. h. die Triebrepräsentanz oder ein Triebabkömmling. Ein Trieb „wirkt wie eine konstante Kraft... und die Person (kann) sich ihm nicht durch die Flucht entziehen, wie es beim äußeren Reiz möglich ist". Dieser Drang ist „...die Summe von Kraft oder das Maß von Arbeitsanforderung, daß er (der Trieb) repräsentiert. Der Charakter des Drängenden ist eine allgemeine Eigenschaft der Triebe, ja das Wesen derselben." (S. Freud, 1915, Ges. W. X, 214). Als kleinste psychologische Einheit, in der der „Trieb" repräsentiert ist und die als solche auch bewußt werden kann, ist der „**Wunsch**" zu sehen.

„Unter einem ‚**Trieb**' können wir zunächst nichts anderes verstehen als die psychische Repräsentanz einer kontinuierlich fließenden, innersomatischen Reizquelle, zum Unterschiede vom ‚Reiz', der durch vereinzelte und von außen kommende Erregungen hergestellt wird. Trieb ist so einer der Begriffe der Abgrenzung des Seelischen vom Körperlichen. Die einfachste und nächstliegende Annahme über die Natur der Triebe wäre, daß sie an sich keine Qualität besitzen, sondern nur als Maße von Arbeitsanforderung für das Seelenleben in Betracht kommen. Was die Triebe voneinander unterscheidet und mit spezifischen Eigenschaften ausstattet, ist deren Beziehung zu ihren somatischen Quellen und Zielen. Die Quelle des Triebes ist ein erregender Vorgang in einem Organ und das nächste Ziel des Triebes liegt in der Aufhebung dieses Organreizes". (S. Freud, 1905, Ges. W. V, 67)

Triebe und Triebenergien

Freud war in seiner Konzeptualisierung des Psychischen ursprünglich von einem Sexualtrieb und einem Selbsterhaltungstrieb („Ichtriebe") ausgegangen. Diesen **Triebdualismus** hat Freud in seinen späteren Triebtheorien beibehalten, lediglich seine Vorstellungen über die Art der einander widersprechenden Triebe haben sich verändert. Ab 1920 wurde dieser Gegensatz zwischen den sexuellen und aggressiven Trieben gesehen und zusätzlich zu Elementen größerer Einheiten zusammengefaßt in

Form der **Lebens- (Eros)-** und der **Todestriebe (Thanatos)**. Die Triebenergie der Sexualtriebe erhielt den Namen **Libido,** auf eine verbindliche Bezeichnung der den **aggressiven Trieben** innewohnenden Triebenergie konnte man sich bis heute nicht einigen (**Destrudo?**), im allgemeinen spricht man von „aggressiven Triebenergien". „Liebe" und „Haß", bzw „Aggressivität" bezeichnen Verhaltensweisen und Einstellungen einer Person sich selbst oder anderen gegenüber, die nicht mit diesen Trieb- und Energiekonzepten gleichgesetzt oder verwechselt werden dürfen. Die in der Psychoanalyse noch heute gängigen Vorstellungen über die Triebe wurden von Freud im wesentlichen im Zusammenhang mit den Sexualtrieben formuliert. Für die aggressiven Triebe bestehen bis heute noch keine zufriedenstellenden Konzeptualisierungen, die der Spezifität dieser Triebe ausreichende Rechnung tragen würden.

Partialtriebe

Sexuelle Partialtriebe

Unter Partialtrieben versteht man einzelne Triebkomponenten (der Libido), die sich entwicklungsgeschichtlich unterscheiden, die im Laufe der frühkindlichen Entwicklung unterschiedliche Betonungen erkennen lassen (orale, anale, phallische Triebregungen), und die schlußendlich, in dem sie sich verbinden und organisieren, den voll entwickelten Trieb ausmachen und gestalten.

„... Jedem Individuum (muß) eine Oral-, Anal-, Harnerotik usw. zugesprochen werden ... die Konstatierung der diesen entsprechenden seelischen Komplexe (bedeutet) kein Urteil auf Abnormität oder Neurose. Die Unterschiede, die das Normale vom Abnormen trennen, können nur in der relativen Stärke der einzelnen Komponenten des Sexualtriebes und in der Verwendung liegen, die sie im Laufe der Entwicklung erfahren". (S. Freud, 1905, Ges. W. V, 106).

Triebquelle, Triebziel und Triebobjekt

„Man kann am Trieb Quelle, Objekt und Ziel unterscheiden. Die Quelle ist ein Erregungszustand im Körperlichen, das Ziel die Aufhebung dieser Erregung, auf dem Wege von der Quelle zum Ziel wird der Trieb psychisch wirksam." (S. Freud, 1915, Ges. W. X, 214)

Triebquelle

Die Quelle eines Triebes ist ein Erregungsvorgang in einem Organ. Von einem Körperorgan können zwei Arten von Erregung ausgehen. Die eine „bezeichnen wir als die spezifisch sexuelle und das betreffffende Organ als die erogene Zone des von ihm ausgehenden Partialtriebes"... „Aber überdies sind Veranstaltungen im Organismus vorhanden, welche zur Folge haben, daß die Sexualerregung als Nebenwirkung bei einer großen Reihe innerer Vorgänge entsteht, sobald die Intensität dieser Vorgänge nur gewisse quantitative Grenzen überstiegen hat. Was wir die Partialtriebe der Sexualtät genannt haben, leitet sich entweder direkt aus diesen inneren Quellen der Sexualerregung ab oder setzt sich aus Beiträgen von solchen Quellen und von erogenen Zonen zusammen"... Die „Befriedigung muß vorher erlebt worden sein, um ein Bedürfnis nach ihrer Wiederholung zurückzulassen"... Das Bedürfnis nach Wiederholung der Befriedigung verrät sich „durch ein eigentümliches Spannungsgefühl, welches an sich mehr den Charakter der Unlust hat, und durch eine zentral bedingte, in die peripherische erogene Zone projizierte Juck-und Reizempfindung". (S. Freud, 1905, Ges. W. V, 84).

Erogene Zonen

Eine erogene Zone ist eine Haut- oder Schleimhautstelle, an der bestimmte Reizungen eine Lustempfindung von bestimmter Qualität auslösen können. Obwohl jede beliebige Haut- und Schleimhautstelle die Funktion einer erogenen Zone annehmen kann und dann auch als solche bezeichnet werden muß, sind doch bestimmte Körperregionen dazu besonders geeignet: solche zur Erotisierung prädestinierten Zonen sind die orale, anale, urethrale und die genitale Zone.

- Die **orale Zone** umfaßt die Lippenzone und bezieht sich vorwiegend auf die Tätigkeit des Saugens und Beißens.
- Die **anale Zone** ist an der Haut-Schleimhautübergangszone der Afterregion situiert und wird durch die Vorgänge der Ausscheidung und Entleerung und den damit verbundenen Notwendigkeiten der Körperpflege zuerst gereizt.
- Die **Urethralerotik** umfaßt lustvolle Empfindungen und die sie begleitenden Phantasien bei der Harnentleerung.
- Die **genitale Zone** bezieht sich auf Erregungen, die von der Glans penis oder der Clitoris ausgehen und vorwiegend durch manuelle Masturbation oder Zusammendrücken der Oberschenkel hervorgerufen werden.

Triebziel

„Das Ziel eines Triebes ist allemal die Befriedigung, die nur durch Aufhebung des Reizustandes an der Triebquelle erreicht werden kann. Aber wenn auch dies Endziel für jeden Trieb unveränderlich bleibt, so können doch verschiedene Wege zum gleichen Endziel führen, so daß sich mannigfache nähere oder intermediäre Ziele für einen Trieb ergeben können, die miteinander kombiniert oder gegeneinander vertauscht werden". (S. Freud, 1915, Ges. W. X, 215). Das Ziel kann am eigenen Körper erreicht werden, üblicherweise jedoch wird ein äußeres Objekt zur Erreichung dieses (äußeren) Triebzieles benötigt. Das (innere) Triebziel bleibt jedesmal die als Befriedigung empfundene Körperveränderung. Das Sexualziel des Kindes besteht in der Befriedigung, die durch die Reizung der erogenen Zonen hervorgerufen wird, auch wenn es sich dabei nicht um die Reizung der Genitalzone handelt, sodaß diese Aktivitäten sehr stark an die Sexualäußerungen bei den Perversionen Erwachsener erinnern (infantile Sexualität). Deshalb wird die kindliche Sexualität auch als polymorph-pervers gekennzeichnet.

Als normales Sexualziel des Erwachsenen bezeichnete Freud „die Vereinigung der Genitalien in dem als Begattung bezeichneten Akte, der zur Lösung der sexuellen Spannung und zum zeitweiligen Erlöschen des Sexualtriebes führt." (S. Freud, 1905, Ges. W. V, 48). Unter Berücksichtigung jüngerer Forschungsergebnisse bezieht die Psychoanalyse heute auch die Qualität der Partnerbeziehung mit ein und sieht eine Partnerschaft dann als normal an, wenn in ihr ein Interaktionsstil gefunden wurde, der beiden Partnern eine angemessene und wechselseitige sexuelle Befriedigung ermöglicht und den Äußerungsformen der Partialtriebe ein entsprechender Platz eingeräumt werden kann, in Gegenseitigkeit und Rücksichtnahme auf den Partner und ohne die Gefahr, daß das Primat der genitalen orgastischen Befriedigung auf Dauer verlassen wird.

Dementsprechend wird als Perversion angesehen, wenn die erwachsene Sexualbetätigung darin vom normalen Sexualverhalten abweicht, daß sie orgastische Triebbefriedigung ausschließlich an unangemessenen Objekten erreicht (Homosexualität, Pädophilie, Sodomie etc.) oder/und daß Befriedigung ausschließlich aus dem Erreichen anderer Triebziele als dem beim normalen Koitus im Vordergrund stehenden Ziel gewonnen wird (z. B. an anderen Körperzonen: analer Koitus; oder Orgasmus ist zwingend an bestimmte äußere Bedingungen geknüpft: Fetischismus, Transvestitismus, Voyeurismus, Exhibitionismus, Sadomasochismus).

Das Sexualobjekt

Der Befriff „Objekt" hat in der Psychoanalyse verschiedene, nicht immer voneinander klar abgegrenzte oder abgrenzbare Bedeutungen. Freud selbst verwendet ihn in zumindest zwei verschiedenen Sinnzusammenhängen: einmal, um ein „Triebobjekt" zu bezeichnen, „an welchem oder durch welches der Trieb sein Ziel erreichen kann", zum anderen bezieht er sich auf ein Liebesobjekt im Sinne der Gesamtheit einer geliebten Person. Als Sexualobjekt „ist es das Variabelste am Triebe, nicht ursprünglich mit ihm verknüpft, sondern ihm nur infolge seiner Eignung zur Ermöglichung der Befriedigung zugeordnet. Es ist nicht notwendig ein fremder Gegenstand, sondern ebensowohl ein Teil des eigenen Körpers. Es kann im Laufe der Lebensschicksale des Triebes beliebig oft gewechselt werden." (S. Freud, 1915, Ges. W. X, 215). Die

Beziehung zum **Liebesobjekt** durchläuft verschiedene Stufen, sowohl was die Triebentwicklung des Kindes selbst anlangt (autoerotische Triebbefriedigung versus Objektliebe) wie auch bezüglich der Qualität des Objektes selbst (Symbiotisches Objekt; Teilobjekt bzw. Liebe nach dem Anlehnungsbedürfnis im Sinne einer Vorstufe einer Objektbeziehung = das Objekt wird nur in seiner bedürfnisbefriedigenden Funktion wahrgenommen; ambivalente Objektbeziehung in der anal-sadistischen Phase; ödipale Beziehungsmuster als Ausdruck einer „Frühblüte des infantilen Sexuallebens" und schließlich und endlich die reife Objektbeziehung des Erwachsenen, in der die infantilen und die in der Pubertät neu hinzukommenden sinnlichen Strömungen zu einem einheitlichen Begehren gegenüber einem in seiner Gesamtheit wahrgenommenen Objekt zusammenegefaßt und befriedigt werden).

Aktivität / Passivität

Triebe sind die Ursache jeder psychisch motivierten Aktivität. Mit der Polarität aktiv-passiv soll über diesen von den Trieben unmittelbar ausgehenden Drang hinaus auf einen Aspekt der psychischen Sexualität eingegangen werden, der sich auf die Triebziele und damit auf das relative Vorherrschen aktiver oder passiver Wünsche dem Sexualobjekt gegenüber bezieht. Im Bereich der oralen, analen und phallischen Phase haben Buben wie Mädchen aktive und passive Triebziele. Erst in der phallischen Phase beginnen Aktivität und Passivität einen Bezug zur Geschlechtsdifferenz zu entwikkeln: „Auf der Stufe der prägenitalen sadistisch-analen Organisation ist von männlich und weiblich noch nicht zu reden, der Gegensatz von aktiv und passiv ist der herrschende. Auf der nun folgenden Stufe der infantilen Genitalorganisation gibt es zwar ein männlich, aber kein weiblich; der Gegensatz lautet hier: männliches Genitale oder kastriert. Erst mit der Vollendung der Entwicklung zur Zeit der Pubertät fällt die sexuelle Polarität mit männlich und weiblich zusammen. Das Männliche faßt das Subjekt, die Aktivität und den Besitz des Penis zusammen, das Weibliche setzt das Objekt und die Passivität fort. Die Vagina wird nun als Herberge des Penis geschätzt, sie tritt das Erbe des Mutterleibs an". (S. Freud, 1923, Ges. W. 13, 297).

Bisexualität

Definition: Der Begriff der Bisexualität bezeichnet eine angeborene, zugleich männliche und weibliche sexuelle Anlage, die jedem Menschen eigen ist und die den Konflikten um die Geschlechtsidentität zugrunde gelegt werden muß. Bisexualität ist ein biologisches Konzept, das Freud unter dem Einfluß von Wilhelm Fließ in die Psychoanalyse einführte: die Psychoanalyse „... steht auf gemeinsamen Boden mit der Biologie, indem sie eine ursprüngliche Bisexualität des menschlichen (wie des tierischen) Individuums zur Voraussetzung nimmt. Aber das Wesen dessen, was man im konventionellen oder im biologischen Sinne ‚männlich' und ‚weiblich' nennt, kann die Psychoanalyse nicht aufklären, sie übernimmt die beiden Begriffe und legt sie ihren Arbeiten zugrunde". (S. Freud, 1920, Ges. W. XII, 301).

Triebschicksale

„Die Untersuchung, welche Schicksale Triebe im Laufe der Entwicklung und des Lebens erfahren können, werden wir auf die uns besser bekannten Sexualtriebe einschränken müssen. Die Beobachtung lehrt uns als solche Triebschicksale folgende kennen:

- Die Verkehrung ins Gegenteil.
- Die Wendung gegen die eigene Person.
- Die Verdrängung.
- Die Sublimierung.

… Mit Rücksicht auf Motive, welche einer direkten Fortsetzung der Triebe entgegenwirken, kann man die Triebschicksale auch als Arten der Abwehr gegen die Triebe darstellen". (S. Freud, 1915, Ges. W. X, 219).

Freud hatte damit eine Untersuchung über die Schicksale der Sexualtriebe (besser: der einzelnen Partialtriebe) im Laufe der Entwicklung und des Lebenszyklus eingeleitet, die 1936 von seiner Tochter Anna in ihrem Buch „Das Ich und die Abwehrmechanismen" ihre erste umfassende Darstellung erfuhr. Dabei darf nicht übersehen werden, daß das „Triebziel" nur in engem Zusammenhang mit dem „Triebobjekt" und der „Triebquelle verstanden werden kann. Geht man zu sehr auf die Triebquelle ein, so verkürzt man das Triebziel auf ein Saugen mit dem Mund, ein Sehen mit dem Auge, eine Reizung der Darmschleimhaut etc.; verschiebt man die Betonung auf das Triebobjekt, löst sich der Begriff Triebziel in dem der Objektbeziehung auf. In seiner Untersuchung über Triebschicksale versuchte Freud zu zeigen, wie verwandlungsfähig das Ziel eines Partialtriebes sein kann. Deshalb liegt die Betonung bei der Verwendung des Terminus „Triebschicksal" stärker auf der Wandlungsfähigkeit der Triebäußerungen im Dienste der Triebbefriedigung. Abwehrmechanismen hingegen stellen einen Sonderfall von „Triebschicksalen" dar: die Triebschicksale werden in den Dienst der Abwehr verpönter Triebansprüche gestellt; damit beschreiben die Abwehrmechanismen allgemeine Strategien des Ichs, die es verwendet, um sich der als anstößig erkannten Triebansprüche zu erwehren.

Verkehrung ins Gegenteil

Definition: Vorgang, durch den das Ziel eines Triebes beim Übergang von der Aktivität zur Passivität sich in sein Gegenteil verwandelt. Bei den Gegensatzpaaren Sadismus-Masochismus und Voyeurismus-Exhibitionismus ist die Verkehrung der Triebziele besonders deutlich: für das aktive Ziel des Quälens bzw. Beschauens wird das passive des Gequältwerdens bzw. des Beschautwerdens eingesetzt.

Wendung gegen die eigene Person

Definition: Vorgang, durch welchen der Trieb bei unverändertem Ziel das Objekt wechselt und an seine Stelle das eigene Ich (die eigene Person) setzt. Der Masochismus ist letztendlich ein gegen das eigene Ich gewendeter Sadismus, die Exhibition schließt das Beschauen des eigenen Körpers mit ein; Masochist und Exhibitionist genießen das Wüten gegen die eigene Person bzw. das Entblößen derselben mit. Wendung gegen die eigene Person und Verkehrung ins Gegenteil treten aber in diesen Beispielen gemeinsam auf, wenn das Vollbild einer Perversion gegeben ist.

Sadismus – Masochismus

Definition: Sadismus ist eine sexuelle Perversion, bei der die sexuelle Befriedigung an das dem anderen zugefügte Leiden oder an dessen Demütigung gebunden ist. Masochismus ist eine sexuelle Perversion, bei der die sexuelle Befriedigung an das Leiden oder die Demütigung des Subjektes geknüpft ist.

Freud hat in seinen Untersuchungen folgenden Ablauf dargestellt:

a) Der Sadismus besteht in Gewalttätigkeit, Machtbetätigung gegen eine andere Person als Objekt.

b) Dieses Objekt wird aufgegeben und durch die eigene Person ersetzt. Mit der Wendung gegen die eigene Person ist auch die Verwandlung des aktiven Triebzieles in ein passives vollzogen.

c) Es wird neuerdings eine fremde Person als Objekt gesucht, welche infolge der eingetreten Zielverwandlung die Rolle des Subjekts übernehmen muß.

Voyeurismus – Exhibitionismus

Definition: sexuelle Triebäußerungen, die das Schauen bzw. das Sich-Zeigen zum Ziel haben und die dann zu einer sexuellen Perversion werden, wenn sie sich ausschließlich auf die Genitalien einschränken, wenn sie sich mit der Überwindung von Ekelgefühlen verbinden und wenn sie das normale Sexualziel, anstatt es vorzubereiten, auf Dauer verdrängen.

Auch bei diesen Perversionen konnte Freud gewisse Gesetzmäßigkeiten für deren Entstehung beschreiben:

a) Das Schauen als eine Aktivität gegen ein fremdes Objekt gerichtet;

b) das Aufgeben des Objektes, die Wendung des Schautriebes gegen einen Teil des eigenen Körpers, damit die Verkehrung in Passivität und die Aufstellung des neuen Zieles: beschaut zu werden;

c) Die Einsetzung eines neuen Objektes, dem man sich zeigt, um von ihm beschaut zu werden.

Die Sublimierung

Definition: Von der Sublimierung eines Triebes spricht man, wenn er auf ein neues, nicht sexuelles Ziel abgelenkt wurde und sich auf ein neues, nicht sexuelles Objekt richtet.

„Er (der Sexualtrieb) stellt der Kulturarbeit außerordentlich große Kraftmengen zur Verfügung, und dies zwar infolge der bei ihm besonders ausgeprägten Eigentümlichkeit, sein Ziel verschieben zu können, ohne wesentlich an Intensität abzunehmen. Man nennt diese Fähigkeit, das ursprünglich sexuelle Ziel gegen ein anderes, nicht mehr sexuelles, aber psychisch mit ihm verwandtes, zu vertauschen, die Fähigkeit zur Sublimierung". (S. Freud, 1908, Ges. W. IX, 187). Die Sublimierung bezieht sich vor allem auf diejenigen Partialtriebe, die sich in die endgültige Gestaltung des erwachsenen genitalen Sexuallebens nicht integrieren lassen (also vorwiegend der als pervers zu klassifizierenden Anteile) und leistet durch deren Befriedigung auch einen entscheidenden Beitrag zur psychischen Gesundheit des Erwachsenen.

Die Verdrängung

Definition: Die Verdrängung ist ein psychischer Vorgang, durch den mit einem Trieb zusammenhängende Vorstellungen (Gedanken, Erinnerungen, Phantasien etc.) in einen unbewußten Zustand zurückgestoßen oder in einem solchen festgehalten werden. „Es kann das Schicksal einer Triebregung werden, daß sie auf Widerstände stößt, welche sie unwirksam machen wollen". (S. Freud, 1915, Ges. W. X, 248). Die Befriedigung eines Triebanspruches wäre prinzipiell möglich und damit auch jedesmal an sich lustvoll, widerspricht jedoch anderen gleichzeitig psychisch wirksamen Ansprüchen oder ist unvereinbar mit bestimmten Vorsätzen des betreffenden Individuums. Die Befriedigung dieser Triebregung würde also in diesem Moment auf der einen Seite Lust, auf der anderen Unlust hervorrufen. Als Bedingung der Verdrängung muß vorausgesetzt werden, daß die Unlust stärker ist als die zu erwartende Befriedigungslust. Als weitere Voraussetzung beschrieb Freud die vollzogene scharfe Sonderung von bewußter und unbewußter Seelentätigkeit, denn „das Wesen der Verdrängung besteht nur in der Abweisung und Fernhaltung vom Bewußten ... Vor solcher Stufe der seelischen Organisation bewältigen die anderen Triebschicksale wie die Verwandlung ins Gegenteil, die Wendung gegen die eigene Person die Aufgabe der Abwehr von Triebregungen" (S. Freud, 1915, Ges. W. X, 250).

Freud unterscheidet bei der Verdrängung zwei Prozesse: der erste bezieht sich nicht auf den Trieb als solchen, sondern auf seine Repräsentanz im Psychischen und wird von ihm „**Urverdrängung**" genannt. In der Urverdrängung wird die Möglichkeit geschaffen, daß psychische Repräsentanzen des Triebes nicht bewußt werden können und daß ein unbewußter Kern gebildet wird, der als Anziehungspol für die zu verdrängenden Elemente funktioniert. Wahrscheinlich ist dieser Prozeß der endgültigen Differenzierung von Ich und Es gleichzusetzen. Die **eigentliche Verdrängung** wird dann nur mehr als ein „Nachdrängen" verstanden, in dessen Verlauf die Vorstellungsrepräsentanzen des Triebes verdrängt werden. Durch diesen Vorgang wird aber die Triebrepräsentanz nicht daran gehindert, im Unbewußten fortzubestehen, sich weiter zu organisieren, Abkömmlinge zu bilden und Verbindungen zu knüpfen. Dadurch aber, daß die verdrängten Triebregungen dem Einfluß der bewußten Seelentätigkeit entzogen sind, können sie im Dunkeln wuchern und extreme Ausdrucksformen entwickeln, die dann dem Betreffenden fremd erscheinen und ihn unter Vorspiegelung extremer Triebstärke schrecken. „Diese täuschende Triebstärke ist das Ergebnis einer ungehemmten Entfaltung in der Phantasie und der Aufstauung infolge versagter Befriedigung." (S. Freud, 1915, Ges. W. X, 251). Aus diesen Zitaten wird deutlich, daß Freud bei der psychischen Repräsentanz des Triebes von zwei Repräsentationsformen ausging, der soeben beschriebenen **Vorstellungsrepräsentanz** und der sie begleitenden **Affektrepräsentanz**.

3. Vorlesung

Der psychische Apparat

Lehrziel:
Psychische Struktur; psychischer Apparat; psychischer Konflikt

Weiterführende Literatur:
Sigmund FREUD:
– Zur Psychopathologie des Alltagslebens, 1901;
– Der Witz und seine Beziehung zum Unbewußten, 1905;
– Das Unbewußte, 1915;
– Das Ich und das Es, 1923; in: Gesammelte Werke, S. Fischer;
J. A. ARLOW und Ch. BRENNER: Grundbegriffe der Psychoanalyse; Rowohlt.

Stichworte:
Der psychische Apparat; das topographische Modell; die Systeme UBW, VBW und (W-)BW; Träume, Fehlleistungen, Witze und Symptome; Primär- und Sekundärprozeß; Verschiebung und Verdichtung; Lust- und Realitätsprinzip; Wort- und Sachvorstellungen; die Strukturtheorie; das Es, das Ich und das Über-Ich; der psychische Konflikt innerhalb des topographischen Modells und innerhalb der Strukturtheorie

Der psychische Apparat

Mit der Feststellung, daß ein wesentlicher Anteil der psychischen Tätigkeit abläuft, ohne bewußt zu sein oder auch ohne jemals bewußt zu werden, sah sich Freud genötigt, Vorstellungen über die Organisationsform einer Psyche zu entwickeln, die gerade diesem Umstand gerecht werden können, Vorstellungen, die er bei der offiziellen „Bewußtseinspsychologie" nicht vorfand. Die ersten Konzepte einer psychischen Organisationform mit besonderer Berücksichtigung unbewußter Prozesse wurden daher schon 1900 in Freuds Traumdeutung entwickelt. In dieser ersten Modellvorstellung geht Freud davon aus, die verschiedenen psychischen Leistungen mit spezifischen psychischen Lokalisationen in Zusammenhang zu bringen und ihnen auch bestimmte Ordnungsprinzipien zuzuschreiben.

Topographisches Modell

Diese erste „Topographie" des Psychischen geht von einer Vorstellung des psychischen Apparats aus ähnlich einem zusammengesetzten Mikroskop oder einem photographischen Apparat: „Die psychische Lokalität entspricht dann einem Orte innerhalb eines Apparats, an dem eine der Vorstufen des Bildes zustande kommt." (S. Freud, 1900, Ges. W. 2/3, 541). Der psychische Apparat ist also, gleich den optischen Systemen eines Mikroskops, aus verschiedenen psychischen Systemen zusammengesetzt, die hintereinander angeordnet sind und an deren einem Ende das Wahrnehmungssystem, am anderen Ende die Motorik lokalisiert sind. Psychische „Lokalitäten" entsprechen aber keinesfalls einer anatomischen Lokalisation, sondern stellen lediglich Hilfsvorstellungen dar, um funktionale Zusammenhänge besser begreifen zu können. Diese Funktionen wurden von Freud 1915 („Das Unbewußte", 1915, Ges. W. X) unter dem Gesichtspunkt, ob psychische Vorgänge bewußt sind oder nicht, den folgenden psychischen Systemen zugeordnet:

- das psychische System „Ubw" (= das „Unbewußte"), dessen Erregungen grundsätzlich bewußtseinsunfähig sind;
- das psychische System „Vbw" (= das „Vorbewußte"), dessen psychische Inhalte durch Anspannung der Aufmerksamkeit bewußt werden können, im Augenblick jedoch nicht bewußt sind;
- das psychische System „Bw" (= das „Bewußtsein"), dessen Vorgänge durch die Qualität des Bewußten gekennzeichnet sind.

„Wir setzen also das System des Unbewußten einem großen Vorraum gleich, in dem sich die seelischen Regungen wie Einzelwesen tummeln. An diesen Vorraum schließt sich ein zweiter, engerer, eine Art Salon, in welchem auch das Bewußtsein verweilt. Aber an der Schwelle zwischen beiden Räumlichkeiten waltet ein Wächter seines Amtes, der die einzelnen Seelenregungen mustert, zensuriert und sie nicht in den Salon einläßt, wenn sie sein Mißfallen erregen." (S. Freud, 1916–17, Ges. W. XI, 305).

Das System Ubw

Definition: Die Inhalte des „Unbewußten" (System Ubw) bestehen aus den Triebrepräsentanzen und dem Verdrängten.
Das System Ubw ist dadurch gekennzeichnet, daß
1. seine Elemente nicht bewußtseinsfähig sind;
2. eine bestimmte Funktionsweise, nämlich der Primärprozeß, bestimmend ist;
3. das Lustprinzip alle Abläufe dominiert;
4. dementsprechend jegliche andere seelische Tätigkeit als das Wünschen ausgeschlossen bleibt;
5. dieses Wünschen als ein unmittelbarer Ausdruck der Triebe angesehen werden muß;
6. dieses Wünschen im allgemeinen an Wünsche aus der Kindheit anschließt;
7. die zur Verfügung stehenden Erinnerungsspuren nicht an Wortvorstellungen gebunden sind.

ad 1: Das Unbewußte ist das **System, in dem die Triebe psychische Repräsentanz annehmen.** Der Weg zum Bewußtsein führt über das System Vbw, an dessen Grenze eine „Zensur" genannte Instanz darüber wacht, daß nur diejenigen Inhalte bewußt, besser vorbewußt werden und damit auch Zugang zur Motorik beanspruchen können, die den moralischen Ansprüchen der betreffenden Person gerecht werden. Die abgewiesenen und die aus dem Vorbewußten/Bewußtsein zurückgewiesenen Vorstellungen machen das Verdrängte und damit einen Wesentlichen Anteil des Systems Ubw aus; die Tätigkeit der Zensur wird Verdrängung genannt und darunter wird vorerst alle Abwehrtätigkeit verstanden. Außer dem normalen, über das System Vbw und die Zensur verlaufenden Zugang zum Bewußtsein beschreibt die topographische Theorie noch vier weitere Wege:

a) **Träume:** Während des Schlafes ist die Zensur gelockert, sodaß die sonst verdrängten Elemente aus dem System Ubw einen Zugang zum Bewußtsein in Form von Träumen finden.

b) **Witze:** Durch die „Technik" des Witzes ist es möglich, vorübergehend die Verdrängung für eine bestimmte Triebrepräsentanz aufzuheben und in Form eines Witzes dem Bewußtsein zugänglich zu machen. Freud beschrieb diese „Technik" in seiner Arbeit „Der Witz und seine Beziehung zum Unbewußten": „Ein vorbewußter Gedanke wird für einen Moment der unbewußten Bearbeitung überlassen, und deren Ergebnis alsbald von der bewußten Wahrnehmung erfaßt." (S. Freud, 1905, Ges. W. VI, 189). Diese „Regression im Dienste des Ichs" bewirkt beim Autor des Witzes wie bei seinen Zuhörern die zeitweilige (Wieder-)Einsetzung des Primärprozesses (Verschiebung, Verdichtung, Symbolik, Wortspiele, etc.). Durch die Technik des Witzes (Übertragung des durch diese Regression entwickelten Bildes in die Sprache des Sekundärprozesses) gelingt eine partielle Entspannung bzw. Entladung unbewußter Neigungen (feindselige und/oder sexuelle), denen der Zugang zum Bewußtsein eigentlich versperrt ist. Die aus der Befriedigung dieser verbotenen Impulse entstehende Lust macht den Hauptteil des Genusses bei einem Witz aus. Bei den zynischen Witzen ist dies ohne weiteres einzusehen, verstärkt sich ihre Wirkung doch augenscheinlich durch diese (unbewußten) Tendenzen.

Beispiel: „Ein Schwerhöriger konsultiert den Arzt, der die richtige Diagnose macht, der Patient trinke wahrscheinlich zu viel Branntwein und sei darum taub. Er rät ihm davon ab, der Schwerhörige verspricht den Rat zu beherzigen. Nach einer Weile trifft ihn der Arzt auf der Straße und fragt ihn laut, wie es ihm gehe. Ich danke, ist die Antwort. Sie brauchen nicht zu schreien, Herr Doktor, ich habe das Trinken aufgegeben und hör' wieder gut. Nach einer Weile wiederholt sich die Begegnung. Der Doktor fragt mit gewöhnlicher Stimme nach seinem Befinden, merkt aber, daß er nicht verstanden wird. Wie? Was? – Mir scheint, Sie trinken wieder Branntwein, schreit ihm der Doktor ins Ohr, und darum hören Sie wieder nichts. Sie können recht haben, antwortet der Schwerhörige. Ich hab' wieder angefangen zu trinken Branntwein, aber ich will Ihnen sagen: warum. Solange ich nicht getrunken hab', hab' ich gehört; aber alles, was ich gehört, war nicht so gut wie der Branntwein."(S. Freud, 1905, Ges. W. VI, 125).

c) **Fehlleistungen:** Beim Witz ist die Integration von verbotenen Impulsen eine gewollte und wird bei einem gelungenen Witz in diesem Sinne auch befriedigend gelöst. Sind diese Integrationsbemühungen weniger erfolgreich, so entspricht das Resultat immer mehr einer „Fehlleistung". Diese „gewöhnlichen, alltäglichen Mißgeschicke" (Irrtümer; bestimmte Arten von Vergessen; Versprechen; Verschreiben; etc.) entstehen durch ein teilweises Versagen der Zensur, wodurch ein unbewußter psychischer Prozeß in den jeweils beabsichtigten Handlungsablauf eingreift und diesen stört. Das Ergebnis entspricht dann nicht der Verwirklichung der ursprünglichen Absicht, sondern ist oft ein scheinbar sinnloses Produkt, das auch dem Handelnden selbst nicht ohne weiteres verständlich ist. So gelangen bei bestimmten Formen des Versprechens mittels der Sprache Elemente zum Durchbruch, die den Sprecher verraten („das Versprechen verrät die wahre Meinung!"), ihn bloßstellen, demütigen oder ihm sogar erhebliche Nachteile einbringen. Diese Fehlleistungen stellen oft bewußt nicht intendierte Schuldbekenntnisse dar: anstelle einer Befriedigungsphantasie hat die mit ihr in assoziativem Zusammenhang stehende Bestrafungsvorstellung Zugang zum Bewußtsein und Einfluß auf den Handlungsablauf gewonnen.

Definition: Als Fehlleistung wird eine Fehlhandlung dann bezeichnet, wenn mit einer Handlung ein ausdrücklich angestrebtes Ziel nicht erreicht wird, sondern unwillkürlich durch ein anderes ersetzt wird. Dieses Mißlingen wird üblicherweise auf Ermüdung, Unaufmerksamkeit oder Zufall zurückgeführt.

Beispiel: „Aus ihm (Ernest Jones) unbekannten Motiven hatte er einst einen Brief mehrere Tage auf seinem Schreibtisch liegen lassen, ohne ihn aufzugeben. Endlich entschloß er sich dazu, aber er erhielt ihn vom „Dead letter office" zurück, denn er hatte vergessen, die Adresse zu schreiben. Nachdem er ihn adressiert hatte, brachte er ihn wieder zur Post, aber diesmal ohne Briefmarke. Die Abneigung dagegen, den Brief überhaupt abzusenden, konnte er dann nicht mehr übersehen."(S. Freud, 1901, Ges. W. VI, 257).

d) **Symptome:** Ist die Macht der Zensur, unliebsame Wünsche zurückzudrängen, zu schwach oder die Gewalt dieser Wünsche zu heftig, brechen diese auch ohne Einverständnis der Zensur durch und erzwingen sich den Zugang zum Bewußtsein. Der Einfluß der Zensur beschränkt sich darauf, die ursprünglichen Wünsche so weit als irgend möglich zu entstellen, sodaß die resultierenden Symptombildungen dem Betroffenen nicht mehr als Ausdruck seiner Wünsche imponieren.

Beispiel: Die rhythmisch sich wiederholenden Zwangshandlungen, wie Klopfen, Muskelspiele etc. erweisen sich bei der psychoanalytischen Untersuchung nicht selten als Onanieäquivalente, gegen die der Patient bewußt gerade den heftigsten Abwehrkampf führt.

ad 2: Der Primärvorgang (Primärprozeß)

Der Primärvorgang stellt eine Funktionsweise des Psychischen Apparats dar, die auf das zeitliche Auftreten dieser Funktionsweise Bezug nimmt: „primär" heißt soviel wie zeitlich zuerst, in der (frühen) Kindheit zuerst auftretend, während der Sekundärvorgang eine Funktionsweise des psychischen Apparats darstellt, die erst „sekundär", also später hinzukommt, sich erst mit den Erfahrungen des Kindes in der Auseinandersetzung mit der Realität zu entwickeln beginnt. Der Primärvorgang beschreibt also Erfahrensweisen, wie sie bei kleinen Kindern am unverfälschstesten zu beobachten sind:

- **Unaufschiebbarkeit der Triebansprüche** und daraus resultierende Neigung zu unmittelbarer Befriedigung (vollständige Triebabfuhr ohne jede Verzögerung);
- **Beweglichkeit der Triebenergien** (Leichtigkeit, mit der die Objekte bzw. die Wege, auf denen Befriedigung gesucht wird, ausgetauscht werden können);
- **Verschiebung** (Definition: bezeichnet die Ersetzung einer Idee oder einer Vorstellung durch eine andere, die mit ihr assoziativ verknüpft ist; ein Spezialfall einer Verschiebung ist die Darstellung eines Teils durch das Ganze oder umgekehrt);
- **Verdichtung** (Definition: bezeichnet die Darstellung mehrerer Ideen oder Vorstellungen durch ein einziges psychisches Vorstellungselement, z. B. ein Wort, ein Bild, oder lediglich Teile davon);
- **Verwendung von Symbolen** im psychoanalytischen Sinne.

ad 3 / 4 / 5 / 6: Die Möglichkeiten der sich entwickelnden kindlichen Psyche beschränken sich anfangs auf die Tendenz, Lust zu erlangen (d. h. Wünsche möglichst unmittelbar zu befriedigen) oder wenigstens Unlust zu vermeiden; eine wesentliche zeitliche Verzögerung (Aufschub der Befriedigung von Wünschen) wird nicht toleriert. Dieses Charakteristikum wird als das „**Lustprinzip**" bezeichnet und bleibt für das Ubw als ein Drang nach Wunscherfüllung das gesamte Leben über bestimmend. Die derart repräsentierten Wünsche sind naturgemäß vorwiegende Wünsche, wie wir sie für die frühen Kinderjahre als charakteristisch annehmen (Konsequenz von Verdrängung, die in dieser Lebensphase eine so entscheidende Rolle spielt). Geht man davon aus, daß das Ubw auch der Ort ist, an dem sich die Triebe zum ersten Mal psychisch manifestieren (ihre psychische Repräsentanz erfahren), ist es ebenso selbstverständlich, daß sich die dort aufzufindenden Wünsche aus den den Trieben unmittelbar zuzurechnenden Wünschen zusammensetzen (unmittelbare Abkömmlinge libidinöser oder aggressiver Triebansprüche).

ad 7: Wort- und Sach-(Ding-)Vorstellungen

Definition: Wort- und Sachvorstellungen entsprechen zwei Typen von Vorstellungen, wobei die Wortvorstellung hauptsächlich akustischen Ursprungs ist, während sich die Sach-(Ding-)vorstellungen vorwiegend von visuellen Eindrücken ableiten. Sachvorstellungen in Verbindung mit der entsprechenden Wortvorstellung charakterisieren die Inhalte des Systems Vbw-Bw, während das System Ubw nur Sachvorstellungen enthält. Damit ist mehr gemeint als nur die Tatsache, daß in den Lebensabschnitten vor dem Spracherwerb die Erinnerungsspuren an bildhafte oder an andere Sinneseindrücke haftende Wahrnehmungen gebunden bleiben. Mit dem Spracherwerb ist eine an Wortvorstellungen gebundene Erinnerungsspur dadurch gekennzeichnet, daß der erinnerte Gegenstand oder die Szene zur selben Zeit, als sie als Sinneswahrnehmung auftritt, auch namentlich bezeichnet oder gedanklich in Worten festgehalten wird. Eine vorsprachliche Erinnerung wird nun als dem System Ubw zugehörig eingestuft. Erst durch die Verbindung mit dem sie bezeichnenden Wort (besser dessen Erinnerungsspur), intensiviert sie ihre Besetzungsenergie und ist in Form dieser nun sprachlichen Erinnerungsspur vorbewußt (und damit auch prinzipiell bewußtseinsfähig). Umgekehrt kann der vorbewußte Erinnerungsrest in diese beiden Komponenten aufgespalten werden, sodaß der vorsprachliche, mit geringerer Energie besetzte Teil wiederum ins Unbewußte zurücksinkt, d. h. verdrängt wird. Verdrängung heißt also im Rahmen dieser (ersten) topographischen Theorie ein Zurückziehen der mit Wortvorstellungen verknüpften Besetzungsenergien. Die Erinnerungsreste des Systems Ubw setzen sich deshalb immer nur aus vorsprachlichen Sachvorstellungen zusammen, niemals sind sie an Wortvorstellungen geknüpft.

Das System Vbw

Definition: Das Vorbewußte als System in der topographischen Theorie enthält prinzipiell bewußtseinsfähige seelische Inhalte, wird vom Sekundärvorgang nach dem Realitätsprinzip reguliert und enthält einen Zensor, der es Inhalten aus dem System Ubw nicht ohne weiteres erlaubt, ins System Vbw einzutreten.

Das System Vbw ist dadurch gekennzeichnet, daß

1. es jene psychischen Elemente (die an Wortvorstellungen gebundenen Erinnerungsreste) enthält, die prinzipiell bewußteinfähig sind;
2. es eine Funktion enthält, die als Zensur bezeichnet wird und die für den Entzug einer Wortbesetzung und dadurch für den Vorgang der Verdrängung verantwortlich ist;
3. es sich im Laufe des Kindesalters erst entwickelt und durch diese Entwicklung in der Auseinandersetzung mit der Realität anderen Regualtionsprinzipien folgt als das System Ubw, nämlich dem Realitätsprinzip;
4. es durch das Realitätsprinzip den Menschen in die Lage versetzt, realistische Urteile über sich selbst und seine Umgebung zu entwickeln und seine Triebansprüche aufzuschieben. Die lustvolle Abfuhr von Triebwünschen richtet sich zunehmend nach Kriterien der äußeren und inneren „Realität" (Gewissen) und folgt logischen

Überlegungen.

5. es über gebundene seelische Energien verfügt und dadurch zu differenzierteren Leistungen in der Lage ist als das System Ubw, zum Beispiel zum Probehandeln des Denkens.

Das System Bw (W-Bw)

Definition: Das System Wahrnehmungs-Bewußtsein liegt an der Oberfläche des psychischen Apparats und kann dadurch sowohl äußere als auch innere „Reize" wahrnehmen (Informationen aus der Außenwelt und Lust-Unlust-Empfindungen/ wiederbelebte Erinnerungen aus der Innenwelt).

Das System Bw erfüllt zwei Aufgabenstellungen: erstens die Wahrnehmung dessen, was innerhalb und außerhalb der Seele vor sich geht (deshalb auch Wahrnehmungs-Bewußtsein) und zweitens die Steuerung der willkürlichen Bewegungsabläufe. Im Gegensatz zu Ubw und Vbw enthält es keine Erinnerungsspuren (keine dauerhaften Spuren der Erregungen); vom Vbw trennt es die frei verfügbare Energie, die willkürlich die (bewußtseinsfähigen) seelischen Elemente besetzen kann (Mechanismus der Aufmerksamkeit).

Das Bewußtsein

Definition: Bewußtheit ist eine augenblickliche psychische Qualität, die innere und äußere Wahrnehmungen auszeichnen kann, wenn sich diese Vorstellungen mit Wortresten assoziieren lassen und in Form von Aufmerksamkeitszuwendung „überbesetzt" werden. Bewußtsein ist ein „Sinnesorgan ... zur Wahrnehmung psychischer Qualität" (S. Freud, 1900, Ges. W. II–III, 620) und „entsteht im Wahrnehmungssystem an Stelle der Dauerspuren" (S. Freud, 1925, Ges. W. XIV, 4). „Um ihnen (den Denkvorgängen) eine Qualität zu verleihen, werden sie beim Menschen mit den Worterinnerungen assoziiert, deren Qualitätsreste genügen, um die Aufmerksamkeit des Bewußtseins auf sich zu ziehen und von ihm aus dem Denken eine neue mobile Besetzung zuzuwenden." (S. Freud, 1900, Ges. W. II–III, 622)

Das Konzept des psychischen Konflikts innerhalb des topographischen Modells

Der innerseelische Konflikt wird an der Grenze zwischen den Systemen Ubw und Vbw lokalisiert, indem ein dem Bewußtsein unzugänglicher sexueller Wunsch aus dem Ubw und ein an der Realität orientierter moralischer Maßstab aus dem System Vbw aufeinandertreffen. Mittels dieser Zensur versucht das Vbw diesen anstößigen Wunsch zu verdrängen. Ist es erfolgreich, wird dieser Wunsch zu einem Teil des Ubw, d. h.

er wird verdrängt; der Konflikt ist somit vorläufig beigelegt. Schlägt die Verdrängung jedoch fehl, bricht der Wunsch trotz des Widerstands von seiten des Vbw in Form eines neurotischen Symptoms durch und erzwingt sich quasi gewaltsam Einlaß ins Bewußtsein. Die entstehende neurotische Angst (im Gegensatz zur realiätsorientierten Realangst, die durch eine äußere Gefahr hervorgerufen wird) wird auf die mißglückte Verdrängung zurückgeführt, sodaß die Verdrängung als der neurotischen Angst vorausgehend konzipiert wird, als ein Phänomen, das erst die Voraussetzungen für die Entwicklung neurotischer Ängste schafft.

Im Lichte seiner zunehmenden klinischen Erfahrungen stieß Freud auf zwei wichtige psychische Fakten, die sich in den Rahmen seiner ersten Modellvorstellung nicht ohne weiteres einfügen ließen:

1. Die abwehrenden moralischen Einstellungen, die als Motive für die Verdrängung angesehen werden mußten, waren dem Bewußtsein keineswegs so leicht zugänglich, wie es der Theorie nach hätte sein müssen. Oft bedeutete es viele und überaus mühevolle Arbeit, den Analysanden von diesen Einstellungen zu überzeugen und ihm seinen Widerstand bewußt erleben zu lassen. Offensichtlich sind es nicht nur die verdrängten sexuellen Wünsche, die unbewußt sind, auch wesentliche Anteile der gegen diese Triebwünsche gerichteten psychischen Aktivitäten sind dem Bewußtsein ebenfalls nicht zugänglich, auch dann nicht, wenn noch so große Aufmerksamkeitszuwendung erfolgt.

2. Auch das Bedürfnis oder die Neigung, sich selbst zu bestrafen, kann dem Bewußtsein völlig unzugänglich sein. Moralisch motivierte Bestrebungen sollten aber der topographischen Theorie zufolge dem System Vbw angehören und dementsprechend prizipiell bewußtseinsfähig sein. Darüber hinaus konnte Freud beobachten, daß diese Bedürfnisse nach Bestrafung ebenso dem Schicksal der Verdrängung anheimfallen konnten wie die abzuwehrenden Triebansprüche. Freud leitete aus diesen Beobachtungen ab, „daß die Bewußtheit, der einzige uns unmitelbar gegebene Charakter der psychischen Vorgänge sich zur Systemunterscheidung in keiner Weise eignet ... In dem Maße, als wir uns zu einer metapsychologischen Betrachtung des Seelenlebens durchringen wollen, müssen wir lernen, uns von der Bedeutung des Symptoms Bewußtheit zu emanzipieren." (S. Freud, 1915, Ges. W. XIV, 291)

Die Strukturtheorie

Definition: Freuds zweites topisches Modell einer Konzeption des psychischen Apparats, das durch die drei psychischen Instanzen **Es, Ich** und **Über-Ich** charakterisiert wird, entspricht einer Einteilung, die davon ausgeht, welche psychischen Funktionen in innerseelischen Konfliktsituationen miteinander verbunden sind und welche im allgemeinen gegeneinander stehen.

Mit zwei wesentlichen Arbeiten führte Freud diese neue Theorie in die Psychoanalyse ein: 1923 publizierte er „Das Ich und das Es" (S. Freud, Ges. W. XIII) und
1926 „Hemmung, Symptom und Angst" (S. Freud, Ges. W. XIV). Für die Zuordnung
zu diesen Instanzen waren nicht mehr die Bewußtseinsfähigkeit ausschlaggebend,
sondern auf welcher Seite des innerseelischen Konfliktgeschehens die einzelnen Elemente anzutreffen waren.

Das Es

Definition: Das Es ist in Freuds zweiter Theorie des psychischen Apparats der Trieb-
pol der Persönlichkeit. Seine Inhalte, teils erblich und angeboren, teils verdrängt und
erworben, setzen sich aus psychischen Repräsentanzen der Triebe zusammen und sind
unbewußt.

Der Ausdruck selbst wurde von Georg Groddeck (Das Buch vom Es, 1923), einem
deutschen Arzt, übernommen, der „… selbst wohl dem Beispiel Nietzsches gefolgt
(ist), bei dem dieser grammatikalische Ausdruck für das Unpersönliche und sozusagen
Naturnotwendige in unserem Wesen durchaus gebräuchlich ist". (S. Freud, 1923,
Ges. W. XIII, 251, Fußnote 2).

Das Es ist gekennzeichnet durch:
1. psychische Repräsentanzen aggressiver und libidinöser Triebregungen, die üblicherweise miteinander vermischt auftreten (d. h. jeder noch so aggressive Wunsch
   enthält auch einen erotischen Wunsch; gegensätzliche Triebregungen können
   nebeneinander bestehen, ohne einander aufzuheben oder Triebenergie voneinander abzuziehen);
2. den Ursprung aller psychischen Energie;
3. eine chaotische Organisationsform (Funktionieren nach dem Primärprozeß durch
   Verwendung von Verschiebung und Verdichtung der frei beweglichen Besetzungsenergien, Verlangen nach einer unmittelbaren Befriedigung d. h. nach sofortiger Abfuhr der Besetzungsenergien).

Das Ich

Definition: Das Ich ist in Freuds zweiter Theorie des psychischen Apparats jene Instanz, die eine Mittlerrolle zwischen den Triebansprüchen (dem Es), den moralischen
Ge- und Verboten (dem Über-Ich) und den Ansprüchen der Realität übernimmt und
im Falle eines psychischen Konflikts den Abwehrpol der Persönlichkeit darstellt.

Das Ich ist charakterisiert durch:
1. seine Entstehung: Ausgehend von Sinneswahrnehmungen entwickelt sich das Ich
   aus dem Es, das am Beginn des Lebens das psychische Geschehen dominiert,

gleichsam als der Teil der Seele, der mit der Außenwelt Kontakt aufnimmt. In diesen Anfängen ist das Ich nichts anderes als das Ausführungsorgan des Es, das dessen Wünschen zur Befriedigung verhelfen soll. Die Entwicklung des Ich ist ganz wesentlich bestimmt von den frühen Beziehungen zu den Objekten, die das Kind mit Befriedigungs- und Enttäuschungssituationen vertraut machen müssen. Aus diesen ersten Beziehungen zu den Objekten ergeben sich Niederschläge im Ich (Identifizierungen), die das Ich tiefgreifend verändern, indem sie das Ich nach dem Vorbilde des Objektes umwandeln. Diese Identifizierungen ermöglichen Entwicklungen von zunehmend differenzierteren Organisationsformen und Funktionen, die neben der unmittelbaren Triebabfuhr noch andere Steuerungsmodalitäten der Triebwünsche konstituieren. Entscheidend dabei sind die Fähigkeit, die Befriedigung der Triebwünsche aufzuschieben, und der Spracherwerb mit der damit verbundenen Fähigkeit zum Probehandeln in Form des sprachgebundenen Denkens.

2. seine Rolle im psychischen Konflikt: Definitionsgemäß ist das Ich jene Instanz, der die Rolle der Abwehrtätigkeit gegen unliebsame Triebansprüche übertragen sind. Der entscheidende Faktor, der das Ich in die Lage versetzt, den Triebansprüchen Widerstand entgegenzusetzen, ist die Entwicklung des Angstsignals.

3. seine Funktionen, wobei eine vollständige Aufzählung nicht denkbar ist. Hervorhebenswert wegen ihrer Bedeutsamkeit sind: Realitätsprüfung, Urteilsfunktion, Denken, Gedächtnis, Sprache, Bewußtsein, Sinneswahrnehmungen, Beherrschung der Motorik, Wahrnehmung von Triebwünschen, Abwehrmechanismen, Fähigkeit zur Hemmung von Triebwünschen, synthetische Funktionen, etc.

Das Über-Ich

Definition: Das Über-Ich ist in Freuds zweiter Theorie des psychischen Apparats jene Instanz der Persönlichkeit, die dem Ich gegenüber die moralischen und ethischen Ge- und Verbote sowie die handlungsleitenden Ideale vertritt. „Wir sehen ..., wie sich ein Teil des Ichs dem anderen gegenüberstellt, es kritisch wertet, es gleichsam zum Objekt nimmt". (S. Freud, 1917, Ges. W. X, 433).

Das Über-Ich entsteht, aufbauend auf Über-Ich-Vorläufern, aus prägenitalen Entwicklungsstadien (**„Sphinktermoral"**), aus Identifizierungen mit den Elternfiguren und den ethischen und moralischen Einstellungen. Diese Identifizierungen entstehen ganz wesentlich am Ende der ödipalen Phase infolge Verinnerlichung dieser elterlichen Einstellungen (Untergang des Ödipuskomplexes) und bilden den organisierten Kern des Über-Ichs, um den herum sich weitere Identifizierungen aus späteren Entwicklungsabschnitten, besonders während der Pubertät, ablagern. Dadurch werden die Inhalte des infantilen Über-Ichs modifiziert, einer erwachsenen Moraleinstellung angepaßt und abstrakter. Gewöhnlich entstehen die ersten strukturierten Über-Ich-Inhalte durch Identifizierungen mit dem gleichgeschlechtlichen

Rivalen der ödipalen Zeit: durch diese verinnerlichten Verbote wird es dem Kind möglich, auf seine ödipalen Leidenschaften weitgehend zu verzichten. Die Inhalte entsprechen jedoch nicht den objektiven Einstellungen und Verhaltensweisen der Elternfiguren, sondern sind wesentlich mitbestimmt durch die kindliche Weltsicht: „So wird das Über-Ich des Kindes eigentlich nicht nach dem Vorbild der Eltern, sondern des elterlichen Über-Ichs aufgebaut; es erfüllt sich mit dem gleichen Inhalt, es wird zum Träger der Tradition, all der zeitbeständigen Wertungen, die sich auf diesem Wege über Generationen fortgepflanzt haben". (S. Freud, 1932, Ges. W. XV, 73).

Das Konzept des psychischen Konflikts innerhalb der Strukturtheorie

Mit Konflikt bezeichnet die Psychoanalyse jene psychologische Situation, in der sich intrapsychisch zwei miteinander unvereinbare seelische Strebungen gegenüberstehen. Der daraus resultierende Konflikt kann bewußt werden, ist im allgemeinen jedoch unbewußt. Die Auswirkungen und Konsequenzen eines Konflikts sind vielfältig und reichen von den normalen „Kompromißbildungen" bis zu den Symptomen und Charakterveränderungen. Im Rahmen der Strukturtheorie kann „Konflikt" immer auf einen Konflikt zwischen den Instanzen Es, Ich und Über-Ich reduziert werden. Die Strukturtheorie wurde von Freud deshalb formuliert, um seine theoretischen Annahmen mit seinen Vorstellungen vom psychischen Konflikt in Einklang zu bringen. Deshalb sind heute die meisten Psychoanalytiker der Auffassung, daß sich die Strukturtheorie am besten zu Darstellung der psychischen Kräfte eigne, die einen psychischen Konflikt verursachen. Die allgemeinste Formel für den psychischen Konflikt lautet demnach: **der Konflikt findet zwischen Trieb und Triebhemmung statt, d. h. zwischen dem Es und dem Ich.** Mit der Ausbildung des Über-Ichs ist dieses großteils dafür verantwortlich, welche (Trieb-)Wünsche zur Befriedigung zugelassen werden und welche nicht. Das Ich handelt dann auf Befehl des Über-Ichs: immer dann, wenn nicht nur bloße Angst, sondern auch Schuldgefühle in einem psychischen Konflikt eine Rolle spielen, handelt es sich um ein „Bündnis" von Ich und Über-Ich gegen das Es. Aber auch gegen Schuldgefühle und andere Ansprüche des Über-Ichs (Verlangen nach Wiedergutmachung oder nach Buße; Strafbedürfnis) kann das Ich Abwehrstrategien entwickeln, welche genauso wie die Abwehrmaßnahmen gegen die Triebwünsche durchbrochen werden und zu Symptombildungen Anlaß geben können: in solchen Fällen hat sich das Über-Ich mit dem Es gegen das Ich verbündet. Die Strukturtheorie ermöglicht also die Beschreibung von drei Gruppen von Funktionen, das Es, das Ich und das Über-Ich. Damit werden Kriterien erstellt, die eine Zuordnung zu den wesentlichen Arten seelischer Konflikte erlauben: ob ein Konflikt entweder zwischen dem Es einerseits und dem Ich und dem Über-Ich andererseits oder zwischen dem Ich und dem Über-Ich (und Es) besteht.

4. Vorlesung

Affekte und psychischer Konflikt

Lehrziel:
Psychischer Konflikt und Abwehr von Triebimpulsen; Abwehrmechanismen

Weiterführende Literatur:
Sigmund FREUD: Hemmung, Symptom und Angst, 1926; in: Gesammelte
  Werke, S. Fischer;
Ch. BRENNER: Elemente des seelischen Konflikts, S. Fischer;
Anna FREUD: Das Ich und die Abwehrmechanismen; Kindler;
O. F. KERNBERG: Borderline-Störungen und pathologischer Narzißmus,
  Suhrkamp.

Stichworte:
*Psychischer Konflikt und Selbstbeobachtung; Introspektion; Affekte; Sig-
nalangst und depressiver Affekt; Angst vor Objektverlust; Angst vor Liebesverlust; Kastrationsangst und Über-Ich-Angst; Abwehrmechanismen;
Spaltung; Verdrängung; Projektion; Introjektion; Identifizierung; Identifizierung mit dem Angreifer; Wendung gegen die eigene Person; Regression;
Reaktionsbildung; Isolierung; Ungeschen-Machen; Verleugnung; Konversion; Sublimierung*

Psychischer Konflikt und Selbstbeobachtung

Unter welchen Umständen ist es überhaupt möglich, Informationen über die drei
Instanzen Es/Ich/Über-Ich zu bekommen? In der psychoanalytischen Situation verpflichtet sich der Analysand auf die Grundregel, d. h. „das Es wird eingeladen zu reden,
mit dem Versprechen, daß seine Abkömmlinge beim Aufsteigen ins Bewußtsein nicht
den gewohnten Schwierigkeiten begegnen werden. Allerdings wird den Es-Ab-
kömmlingen nicht versprochen, daß sie bei diesem Eintritt ins Ich irgendein Triebziel
erreichen werden. Der Passierschein gilt nur für die Umsetzung in Wortvorstellungen,
nicht für die Beherrschung des Bewegungsapparats, die eigentliche Absicht des
Aufsteigens." (A. Freud, 1936, Kindler, 14). Das Ich wird in der Rolle eines Beobachters akzeptiert, nicht in seiner Funktion als triebausführende Instanz. Was der
Analytiker nun zu hören bekommt, sind in keinem Fall unentstellte Es-Regungen oder
Über-Ich-Abkömmlinge, sondern immer nur **Es-Regungen (Über-Ich-Ansprüche)**

modifiziert durch das (automatisch und unbewußt arbeitende) Ich. Die Analytiker sprechen von „**Kompromißbildungen**" und sehen es als den Schwerpunkt ihrer psychoanalytischen Arbeitsaufgabe an, das sich so ergebende Material wiederum in seine Anteile zu zerlegen (zu analysieren): in seinen Es-Anteil, seinen Ich-Anteil und seinen Über-Ich-Anteil. Diese Aufgabe ist besonders schwierig, wenn sich Es, Ich und Über-Ich zueinander in relativer Eintracht befinden.

Introspektion

Daraus wird verständlich, daß die Methode der Introspektion in vielerlei Weise eingeschränkt ist, wenn es um die Erhebung von innerpsychischen Daten geht. Erst die Einführung eines „neutralen" und geschulten Beobachters (= Psychoanalytiker) erlaubt es, diesen Daten einen ausreichenden Grad von Objektivität zu verleihen, um daraus eine als wissenschaftlich ausweisbare Theorie des Psychischen zu erstellen. Die akademische Psychologie ist dieses Problem umgangen, indem sie sich fast ausschließlich auf objektive bzw. objektivierbare Daten des menschlichen Verhaltens stützt; dadurch mußte sie aber auf das subjektive Element seelischer Vorgänge und deren Erforschung verzichten.

Affekte

Definition: Affekte sind komplexe (zusammengesetzte) psychische Phänomene, die
1. Empfindungen von Lust, Unlust oder beides und
2. Vorstellungen umfassen.

Empfindungen (Lust-/Unlustempfindungen) und Vorstellungen konstituieren gemeinsam das psychische Phänomen eines Affekts. Diese psychischen Bildungen werden auf einer körperlichen (Verhaltens-)Ebene regelmäßig von vegetativen und motorischen Erscheinungen begleitet (Erröten, Schwitzen, Muskelanspannung, etc.), wobei die Affektäußerungen offenbar auch stark kulturellen Bedingungen unterliegen (individuelle versus kulturelle Variationen der Affektäußerungen). Der Vorstellungsinhalt eines Affektes umfaßt psychische Repräsentanzen von Objekten (Objektrepräsentanzen) und psychischen Repräsentanzen des Subjektes (Selbstrepräsentanzen), wobei der Affekt diese beiden Repräsentationen miteinander verbindet. Die Form und Differenziertheit dieser Repräsentanzen (z. B.: Teilobjektbeziehungen) hängt wesentlich vom psychischen Entwicklungsstand des Individuums ab ebenso wie die Qualität der Affektäußerungen (massive und undifferenzierte Affektäußerungen in Form von z. B. schweren Angstzuständen versus differenziertes Angstsignal etc.)

Unter Affekt verstand Freud ursprünglich die Gefühlstönung, die eine Vorstellung begleitet, wobei das Entstehen des Gefühls als vorwiegend durch eine Triebabfuhr bedingt angesehen wurde. Erst die weitere Entwicklung der psychoanalytischen Theorie, bereits durch Freud selbst und durch seine Nachfolger, erlaubte es, affektive Phänomene differenzierter zu beschreiben und in die psychoanalytische Theorie einzupassen. In „Hemmung, Symptom und Angst" entwickelte Freud 1926 seine bis heute gültige Theorie der **Angst als einem Affektsignal,** das eine innere oder äußere Gefahrensituation erkennen helfen soll. Das Wesentliche daran ist seine Unlustqualität, die das Ich befähigt, sich gegen andrängende Triebimpulse zur Wehr zu setzen. Ch. Brenner glaubt, daß es nicht nur eine einzige solche Affektqualität (nämlich Angst), sondern grundsätzlich zwei geben müsse, die der Regulation der Triebe zugrunde liegen: den Affekt der Angst und den depressiven Affekt: Angst ist Unlust plus Vorstellungen von einer Gefahr, d. h. Vorstellungen von einer Katastrophe, die noch bevorsteht. Ein depressiver Affekt setzt sich zusammen aus Unlust plus einer Vorstellung einer Katastrophe, die sich bereits ereignet hat.

Der psychische Konflikt

Definition: Die Psychoanalyse spricht dann von Konflikt (innnerpsychischem Konflikt), wenn sich im Individuum zwei miteinander unvereinbare innere, psychische Forderungen gegenüberstehen.

Ein psychischer Konflikt entsteht immer dann, wenn eine angestrebte Triebbefriedigung einen hinreichend starken unlustvollen Affekt hervorruft. Dieser unlustvolle Affekt tritt in Form von Angst (Angstsignal) auf, oder als depressiver Affekt, und ist mit Vorstellungen von psychischen Katastrophen verknüpft, die entweder Objektverlust, Liebesverlust, Kastration oder Verlust der stützenden Funktionen des Über-Ichs bedeuten. Man kann diesen Sachverhalt auch noch anders ausdrücken: angesichts einer Gefahr, die vom Ich als solche wahrgenommen wird, entwickelt das Ich eine Phantasievorstellung einer traumatischen Situation, die es schon einmal erlebt hat; diese Phantasie und der sie begleitende Affekt macht das Erlebnis „**Signalangst"** aus. Es ist wichtig, nicht zu vergessen, daß beide, sowohl die Phantasievorstellung wie das Angstsignal, unbewußt sein können und meistens auch sind. Vermutlich wächst das Ausmaß des Affektes proportional mit dem Ausmaß der vermuteten Gefahr, die erzeugte Unlust (Angst ist üblicherweise in hohem Maße unlustbetont) setzt dann automatisch Mechanismen in Gang, die diese Unlust vermindern sollen, indem sie die Quelle der Unlust zu eliminieren trachten, nämlich die Triebwünsche in der gerade Anstoß erregenden Form.

Die typischen Gefahrensituationen, wie sie nacheinander in der Entwicklung auftreten, sind die folgenden:

a) Trennung von einem Menschen, der für das Kleinkind Quelle der Befriedigung bedeutet; „**Objektverlust"** oder „**Verlust des geliebten Objekts".** Diese Gefahrensituation ist die zeitlich als erste auftretende und charakteristisch für die frühesten Entwicklungsstufen des Ichs, also bis zum Alter von 1 bis 1 $^1/_2$ Jahren.

b) Verlust der Liebe eines Menschen, sobald das Kind in der Lage ist, zwischen der Anwesenheit einer Person und der Gefühlseinstellung derselben zu unterscheiden; „Verlust der Liebe eines Objektes". Beginnt im 2. Lebensjahr eine Rolle zu spielen.

c) Verlust des Penis beim Buben, Gefahr einer analogen Genitalverletzung beim Mädchen, „Kastrationsangst". Charakteristisch für ein Alter von 2 bis 5 Jahren.

d) Verlust der inneren Sicherheit und des Selbstwertgefühls durch Verlust der stützenden Funktionen des Über-Ichs, Gefahr des Schuldgefühls, der Mißbilligung und Bestrafung durch das Über-Ich. Tritt erst nach der Bildung des Über-Ichs auf: also nach dem 5./6. Lebensjahr.

Alle diese Gefahrenmomente bleiben jedoch das gesamte Leben über unbewußt aufrecht und bestimmen in unterschiedlich hohem Ausmaß die unbewußten Einschätzungen von dem, was als Gefahr anzusehen ist. Menschen mit psychischen Schwierigkeiten, besonders neurotische Personen werden in ihren Versuchen, ihr Triebleben zu regulieren und die Realität dabei entsprechend zu berücksichtigen besonders stark durch diese frühkindlichen Gefahren beeinflußt, sodaß sie dadurch oft nicht in der Lage zu sein scheinen, aus ihrem aktuellen Leben ausreichend Befriedigung zu schöpfen: sie sind – wie Freud dies in einer Kurzfassung zur Beurteilung psychischer Gesundheit zum Ausdruck gebracht hat – nicht arbeitsfähig und nicht liebesfähig. Um ein erstes Verständnis darüber zu entwickeln, was die Ursache solcher Einschränkungen sein könnte, genügt es oft schon herauszufinden, wovor sich der Betroffene hauptsächlich unbewußt fürchtet.

Psychischer Konflikt und Angst

1. Das Ich lernt im Laufe seiner Entwicklung eine bis dahin automatisch sich einstellende Reaktion für die Regulierung der Triebansprüche einzusetzen: Traumatische Angst wird in wesentlich milderer Form als Angstsignal vom Ich ausgelöst, sobald – in der antizipativen Einschätzung des Ichs – eine Gefahr (traumatische Situation) droht.

2. Dieses Angstsignal ist ein Affekt mit deutlichem Unlustcharakter, sodaß gemäß dem allen psychischen Vorgängen als Grundlage dienenden Lust-Unlust-Prizip das Ich „autorisiert" wird, gegen diese nach Befriedigung strebenden Triebe vorzugehen.

3. In dieser Situation kann sich das Ich aller nur möglichen psychischen Elemente bedienen, um diese Triebansprüche in Schach zu halten: jede Wahrnehmung, jedes Gefühl, jede Haltung, oder etwa die Veränderung der Aufmerksamkeit oder des Bewußtseinsgrades können vom Ich zu Abwehrzwecken verwendet werden.

Abwehrmechanismen

Anna Freud hat 1936 in ihrer Monographie „Das Ich und die Abwehrmechanismen" begonnen, einige dieser psychischen Vorgänge, die häufig zu Abwehrzwecken gebraucht werden, zu beschreiben und ihnen den spezifischen Namen „Abwehrmechanismen" zu geben. Eine vollständige Liste von Abwehrmechanismen kann es nicht geben; die bekanntesten sind die folgenden:

Spaltung

Definition: Psychischer Vorgang, der auch zu Abwehrzwecken Verwendung findet, durch den Selbst- und Objektrepräsentanzen, die durch spezifische Affektdispositionen miteinander verknüpft sind von anderen Selbst- und Objektrepräsentanzen, die durch konträre Affektdispositionen miteinander verbunden sind, getrennt gehalten werden. Die daraus resultierenden Vorstellungen von einem selbst und anderen erinnern stark an die Schwarz-Weiß-Malerei der Märchen. Beziehungen werden erlebt als Beziehungen, die von entweder nur positiven oder nur negativen Gefühlsqualitäten beherrscht werden. Menschen sind entweder gut oder böse und werden oft nur in einzelnen Aspekten wahrgenommen (Teilobjektbeziehungen). Der Spaltung wird oft eine ebenso große Bedeutung zugemessen wie der Verdrängung. Wird die Spaltung als zentraler Organisationkern von Abwehrstrukturen nicht durch die Fähigkeit zur Verdrängung ersetzt, hat dies eine schwere Persönlichkeitsstörung zur Folge (Borderline-Persönlichkeitsstörungen): Spaltung allein genügt den Abwehrzwecken meist nicht. Als zusätzliche Hilfsmaßnahmen, die die Spaltung absichern helfen sollen, wurden folgende Mechanismen beschrieben:

- **primitive Idealisierung**
- **projektive Identifizierung/introjektive Identifizierung**
- **Omnipotenz/Entwertung**
- **Verleugnung**

Beispiel: „… konzentrierte der Therapeut über Monate hin immer wieder seine Bemühungen darauf, die übliche ‚leere' „freundliche' aber distanzierte Haltung der Patientin und andererseits den Aufruhr ihrer Gefühle während der Alkoholepisode und besonders auch die Verheimlichung dieser Krise ihm gegenüber in einen Bezug zueinander zu bringen. Erst nachdem es noch zwei weitere Male zu ähnlichen Episoden gekommen war – dazwischen lagen jeweils monatelange Phasen von äußerlich angepaßtem Verhalten, in denen sie insgesamt gut zurechtzukommen schien –, ließ sich endlich verstehen, daß sie den Psychotherapeuten wie ihren kaltdistanzierten, ja feindseligen Vater erlebte, der nichts getan hatte, um sie vor den Grausamkeiten ihrer noch ablehnenderen und aggressiven Mutter zu schützen. Eines Tages schilderte die Patientin dem Therapeuten tief bewegt, wie ihre Mutter sie einmal als Kind, obwohl sie damals, wie sich später herausstellte, an einer schweren und gefährlichen Krankheit litt, allein zu Hause zurückgelassen hatte, um ihren eigenen sozialen Aktivitäten nachzugehen, in denen sie sich nicht stören lassen wollte. Die Patientin hatte das Gefühl, wenn sie wirklich ihrem Therapeuten/Vater zeigen würde, wie sehr sie ihn brauchte und liebte, so müßte sie fürchten, mit ihrer übermächtigen Wut darüber, daß sie so lange und so heftig enttäuscht worden war, ihn zu zerstören. So kam sie auf die Lösung, zu ihm ein Verhältnis von distanzierter Freundlichkeit – ihrem Empfinden nach noch immer die bestmögliche Beziehung – zu wahren, während sie ihre wirklichen Gefühle abspaltete: ihre Sehnsucht nach Liebe, ihre Unterwerfung unter sadistische Vaterfiguren in Form masochistischer Bindungen an lieblose Männer und ihren Protest gegen den Vater in ihren Alkoholexzessen, in denen sie Wut und Depression fühlen konnte, die sonst in ihren Beziehungen sowohl zum Therpeuten als auch zu ihren Freunden völlig dissoziert waren" (O. F. Kernberg, „Borderline-Störungen und pathologischer Narzißmus", 1975/1983, 118).

Projektion

Definition: Psychischer Abwehrvorgang, in dessen Verlauf Gefühle, Wünsche oder sogar „innere Objekte", die Anstoß erregten, aus dem subjektiven psychischen Raum eines Menschen und damit auch aus seinem Bewußtsein ausgeschlossen werden, um dann einer anderen Person oder einem nichtbelebten Objekt der Außenwelt zugeschrieben zu werden.

Beispiel:

- Mechanismus, der in ernsten psychischen Störungen eine große Rolle spielt und oft die Ursache grober Realitätsverkennungen sein kann, aber auch in der Psychopathologie des Alltagslebens häufig vorkommt. Viele Menschen neigen dazu – besonders in angespannten Situationen – anderen diejenigen Wünsche und Eigenschaften zuzuschreiben, die für sie selbst zum Problem geworden sind, wodurch sich manche Charakteristika sozialer Vorurteile besser verstehen lassen: es ist so, als müßten die diskriminierten Menschen den Beweis dafür liefern, daß nur sie die Träger von verpönten Wünschen und Gedanken wären, um diejenigen, die die Urheber solcher Vorurteile sind, in ihrem psychischen Gleichgewicht abzustützen. Dieses ist offenbar unvereinbar mit dem Eingeständnis an die eigenen „bösen" Gedanken, die anderen zugeschrieben werden müssen.
- In paranoiden Psychosen (schwere psychische Erkrankungen mit Verfolgungswahn) spielt der Abwehrmechanismus der Projektion eine zentrale Rolle bei der Bildung der verschiedenen Wahnbildungen: die unbewußten eigenen gewalttätigen Impulse sind in den Vorstellungen von Verfolgung durch einen fremden Geheimdienst etc. wiederzufinden.

Introjektion und Identifizierung

Definition: Tendenz des Ichs, die häufig als Abwehr eingesetzt wird, wodurch Objekte oder deren Eigenschaften von „außen" ins „Innere" des betreffenden Menschen gelangen (Introjektion), um dort zu Eigenschaften dieses Menschen umgewandelt zu werden (Identifizierung).

Beispiel:

- **Identifizierung mit dem Angreifer:** ein Schüler wird wegen Grimmassierens zum Psychotherapeuten gebracht. Der Lehrer hat sich darüber beklagt, daß er sich von diesem Schüler verspottet fühlte, da dieser bei jeder Ermahnung oder ähnlichen Anlässen diese nicht mit angemessener Ruhe zur Kenntnis nehme, sondern derartige Grimmassen schneide, daß die Schulklasse in Lachen ausbreche. Bereits die aufmerksame Beobachtung zeigt, daß der Schüler nichts anderes bietet als ein zwar verzerrtes, aber doch eindeutig erkennbares Abbild der Gesichtszüge eines ärgerlichen Lehrers. Der Schüler, der sich dessen nicht bewußt war und der die Anschuldigungen des Lehrers wegen Verspottung sprachlos zur Kenntnis genommen hatte, versuchte durch unwillkürliche Nachahmung seine Angst vor dem wütenden Lehrer zu bewältigen. Das Grimmassieren ist hier Folge einer Identifizierung mit dem gefürchteten Objekt in der Außenwelt.

Wendung gegen die eigene Person

Definition: Vorgang, durch welchen ein Triebobjekt durch die eigene Person ersetzt wird.

Beispiel:

- ein Kind, das voller Zorn gegen jemand anderen ist, jedoch nicht wagt, diesem Zorn entsprechenden Ausdruck zu verleihen, wird evtl. sich selbst – quasi in Vertretung der anderen Person – schimpfen, schlagen oder verletzen; es ist, als ob das Kind zu sich selbst sagen wollte: „Ich bin jetzt er und so werde ich ihn schlagen!"
- bei jedem Selbstmordversuch ist unbewußt immer auch der Versuch beteiligt, in Form dieser Handlung jemand anderem Leid zuzufügen.

Verdrängung

Definition: Tätigkeit des Ichs, durch die die mit einem bestimmten Triebwunsch zusammenhängenden seelischen Inhalte (Vorstellungen, Gefühle, Ideen, Phantasien etc.) in das Unbewußte zurückgestoßen oder vom Bewußtsein fern gehalten werden. Als Konsequenz ist im bewußten Erleben von diesen Inhalten nichts nachzuweisen, im subjektiven Erleben ist es so, als ob diese Inhalte nicht existierten.

Beispiel:

- Eine verdrängte Erinnerung ist für denjenigen, der diese seine Erinnerung verdrängt hat, so gut wie eine vergessene Erinnerung, ohne überhaupt zu wissen, daß

er etwas vergessen hat;
- ein traumatisches Erlebnis eines sexuellen Übergriffes, das dadurch besonders problematisch wurde, als die Eltern des Mädchens keinerlei Verständnis dafür aufbrachten, sondern das Kind wegen einer Übertretung – das Kind war gegen das ausdrückliche Verbot der Eltern von einem Autofahrer per Autostop mitgenommen worden – bestraften, ohne auf die psychischen und körperlichen Beschwerden des mißbrauchten Kindes näher einzugehen, war dieser Patientin, die als Erwachsene den Psychotherapeuten wegen einer Vielzahl hysterischer Symptome aufsuchte, in keiner Weise bewußt; sie konnte sich auch bei direkter Befragung an nichts Traumatisches erinnern. Dies war umso auffälliger, als schon eine oberflächliche Beschwerdeschilderung eine szenische Darstellung einer Vergewaltigung nahelegte. Erst nach mühevoller und langer analytischer Arbeit, in der die einzelnen Verzweigungen aufgesucht und die verschiedenen Abwehrstrategien untersucht und aufgelöst werden konnten, erinnerte sich die Patientin wieder spontan und mit viel Affekt an dieses Ereignis ihrer Kindheit.

Regression

Definition: Ein psychischer Vorgang, der unter der Führung des Ichs stattfindet, in dessen Verlauf eine bereits erreichte Entwicklungsstufe (Triebregression, wenn es sich um eine Regression auf der Triebebene handelt, Ichregression, wenn das Ich in diesen Prozeß einbezogen wird, z. B. auf der Ebene der Objektbeziehungen; dasselbe gilt auch für das Über-Ich, z. B. Ersetzung einer erwachsenen Moral durch kindliche Moralvorstellungen, die in ihrer Wirksamkeit von der Anwesenheit der Erwachsenen abhängig sind) zugunsten einer früheren Entwicklungsebene aufgegeben wird, um damit die Entstehung von Angst zu vermeiden.

Beispiel:
- phallische Triebwünsche werden häufig teilweise oder ganz aufgegeben, sobald sie übermäßige Angst verursachen, um durch Wünsche und Ziele aus den vorangegangen Entwicklungsperioden (anale, orale) ersetzt zu werden.
- Ein vierjähriges Mädchen bekommt ein kleines Geschwister, seine Prinzessinnenrolle gerät dadurch in Gefahr, scheint dem Kind sogar verloren. Wird doch das Geschwisterchen mit viel mehr Aufmerksamkeit und Zuwendung betan als es selbst. Die Vierjährige sieht darin Liebesbeweise der Eltern, die ihm jetzt vorenthalten werden, etwas, das ihm schon längere Zeit als Angstinhalt zu schaffen macht: könnte es sein, daß es die Zuneigung der Eltern verliert, wenn diese von seinen ödipalen Wünschen erführen? Was würde der Vater sagen, vertraute ihm die Tochter an, daß sie sich von ihm ebenso ein Kind wünscht wie die Mutter, und daß sie es für ausnehmend ungerecht empfindet, daß der Vater der Mutter den Vorzug gegeben zu

haben scheint! Wenn es die Mutter nicht (mehr) gäbe, wäre sie dann vielleicht die Auserwählte des Vaters? All diese Wünsche, zusammen mit zum Teil recht verwirrenden körperlichen Empfindungen (oft im Zusammenhang mit kindlichen onanistischen Betätigungen), machen dem Mädchen ziemliche Angst. Die Regression auf ein früheres Entwicklungsniveau scheint – ist das Mädchen einigermaßen als psychisch gesund zu bezeichnen, dann ist diese Regression nur vorübergehend – für den Augenblick viele Vorteile mit sich zu bringen: Schutz vor den unüberwindlichen Ängsten und gleichzeitig Sicherstellung von Befriedigungsmöglichkeiten in einer Situation, in der Befriedigung von Wünschen aufgrund der Ängste nur mehr sehr eingeschränkt zur Verfügung standen. Die Vierjährige beginnt also Verhaltensweisen zu zeigen, die eher einem Kleinkind entsprechen, sie verliert die bereits gesichert erscheinende Kontrolle über ihre Ausscheidungsfunktionen, d. h. sie beginnt nächtens wieder einzunässen, manchmal passiert ihr auch tagsüber ein Malheur – und wenn man sie wieder einmal besonders schlecht behandelt hat, dann vielleicht sogar ein „großes" –, sie verliert auch in anderen Bereichen ihre Selbständigkeit, verlangt auch nach dem „Flascherl" etc. Nach einer unterschiedlich langen, meist zwischen Wochen und wenigen Monaten dauernden Zeitspanne wird sich das Mädchen von diesem „Schock" erholt haben, ganz das ältere „vernünftige" Kind werden, Vaters Liebling und voller Verständnis für seine Probleme und etwas geringschätzig auf die Mutter blickend, die ja auf den Säugling aufpassen muß, den die Vierjährige inzwischen „innig" zu lieben gelernt hat.

Reaktionsbildung

Definition: Sehr spezifische oder generalisierte Ichleistung, durch die bei einem vorhandenen Gegensatzpaar eine Haltung zuungunsten der anderen derart überbetont wird, daß von der anderen, anstößigen, im Bewußtsein nichts mehr übrig zu bleiben scheint. Im Bewußtsein findet sich nurmehr der (betonte) Gegensatz zu dem nun unbewußten, abgewehrten ursprünglichen Wunsch.

Beispiel:
- Häufige Gegensatzpaare sind: Liebe – Haß; Grausamkeit – Sanftmut; Lust am Schmutz – Sauberkeit und Ordentlichkeit; Lust daran, sich zur Schau zu stellen – Scham; Lust an der Beschäftigung mit Ausscheidungsprodukten – Ekel;
- Ein Mensch kann, um seine sadistischen, grausamen Impulse unter Kontrolle zu bringen und unbewußt zu halten, seine Haltungen von Zärtlichkeit und Liebe Menschen und Tieren gegenüber verstärken, sodaß er bewußt von seinen Haß- und Quälimpulsen nichts mehr verspürt und sicherlich empört, oder zumindest mit völligem Unverständnis reagieren würde, hielte ihm jemand vor, er würde mit seiner übertriebenen Liebe seine Mitmenschen sekkieren.

Isolierung

Definition: Isolierung wird in zweierlei Bedeutungen verwendet. Einmal wird damit ein Abwehr-Prozeß beschrieben, der dazu führt, daß Vorstellungen und Erlebnisweisen von den dazugehörigen Affekten getrennt, isoliert werden. Die derart von ihren Affekten entkleidete Vorstellung kann meist problemlos ins Bewußtsein treten, die ihr anhaftenden Affekte bleiben entweder unbewußt oder treten in einem ganz anderen Zusammenhang, dann aber in ihrer Intensität oder in ihrem Auftreten eher unverstehbar hervor. Die allgemeinere Form der Isolierung bezieht sich auf seelische Zusammenhänge, die durch diesen Mechanismus auseinandergebrochen und damit unverständlich gemacht werden sollen. Durch eine derartige Aufhebung von Assoziationsverbindungen verlieren ansonsten anstößige seelische Elemente in ihrer Isolierung ihre angsterregende Bedeutung und sind so auch ohne weiteres bewußtseinsfähig.

Beispiel:

- bei zwanghaften Menschen geht die Gefühlsisolierung gelegentlich so weit, daß sie gar keiner spontanen, direkten und echten Gefühle mehr fähig sind;

- eine wirkungsvolle Art, zusammengehörige psychische Elemente voneinander zu trennen, besteht in der Möglichkeit, vor und nach jedem Gedanken buchstäblich eine Gedankenpause (psychische Leere) einzulegen; diese von jedweder Verbindung abgetrennten Gedanken sind isoliert genug, um ins Bewußtsein treten zu können, ohne gefährliche Assoziationen auszulösen.

- Bei Zwangsneurosen gehört der Mechanismus der Isolierung zum üblichen Abwehrrepertoire: ein Patient hatte erhebliche Schwierigkeiten mit dem Befolgen der Grundregel während der Analyse-Stunde, derart, daß er sich gelegentlich ausdrücklich dagegen verwehrte. Als Grund für dieses merkwürdige Verhalten ergab sich im weiteren Verlauf der Analyse, daß der Patient die Existenz seiner Freundin geheimzuhalten versuchte. Sein Motiv war aber, daß er begonnen hatte über seine Probleme mit der Onanie zu sprechen und er um jeden Preis verhindern mußte, daß seine Vorstellungen von diesem Mädchen mit diesem Thema in „Berührung" kamen. Er war nur dann zu bewegen über dieses Mädchen zu sprechen, wenn er ganz sicher war, daß er in dieser Stunde nicht an die Onanie denken werde. Zunehmend wurde ihm allerdings klar, wie wenig erfolgreich er tatsächlich mit dieser Methode der Isolierung war. Denn der Patient hatte noch ein anderes bei Zwangsneurosen häufiges Symptom: immer wenn er das betreffende Mädchen sah oder ihren Namen hörte, mußte er zwanghaft die Worte „kleine Hure" denken. Dieses Symptom erwies sich als Vertreter eines abgewiesenen Triebanspruchs, gegen den sich sein Ich zu verteidigen versuchte, indem es die Sphäre der Sinnlichkeit von der der Zärtlichkeit zu isolieren trachtete.

Ungeschehen-Machen

Definition: Psychische Aktion, durch die das Subjekt sich glauben machen will, daß bestimmte Gedanken, Worte, Gesten oder andere bereits stattgefundene Handlungen nicht geschehen wären. Dazu benutzt es Gedanken, Worte, Gesten oder Handlungen mit gerade entgegengesetzter Bedeutung.

Beispiel:

- „zweizeitige Zwangshandlungen, deren erstes Tempo vom zweiten aufgehoben wird ... Ihre wirkliche Bedeutung liegt aber in der Darstellung des Konflikts zweier annähernd gleichgroßer gegensätzlicher Regungen..." (S. Freud, 1909, Ges. W. VII, 414).

- Ein typisches Beispiel für den Mechanismus des Ungeschehenmachens ist der bei Zwangsneurosen vorkommende Waschzwang. Mit dieser Geste wird eine vorausgehende Beschmutzung ungeschehen gemacht, unabhängig davon, ob eine solche Beschmutzung tatsächlich oder nur in der Phantasie vollzogen wurde. Häufig handelt es sich bei einer solchen Beschmutzung um eine Masturbation oder etwas, das diese vertritt. Durch diesen Mechanismus gelingt es manchen zwangsneurotisch strukturierten Menschen sich aller Skrupel zu entledigen, indem er sich badet oder die Kleider wechselt. Auch in religiösen Bräuchen lassen sich ähnliche Rituale finden, wenn es um Verzeihung von Sünden geht. So bedeuten rituelle Waschungen das Ungeschehenmachen aller Sünden.

Verleugnung

Definition: Tendenz, ein unangenehmes oder unerwünschtes Stück der äußeren Realität in seiner traumatischen Bedeutung (z. B. als traumatische Wahrnehmung) mit Hilfe einer wunscherfüllenden Phantasie oder durch äußeres Verhalten zu unterdrücken.

Verleugnung der schmerzlichen Wirklichkeit spielt in der Kindheit eine große Rolle und ist unmittelbar aus der Wirksamkeit des Lustprinzips ableitbar. Mit zunehmender Fähigkeit zur Realitätsprüfung und damit mit dem Einsetzen des Realitätsprinzips werden Ansätze zur Verleugnung immer seltener: richten sie sich doch gegen die Wahrnehmung und gegen das Gedächtnis. Beim gesunden Erwachsenen kommt Verleugnung in der Phantasie lediglich in Tagträumen vor, wo sich der Erwachsene jedoch der wirklichen Tatsachen seines aktuellen Lebens jederzeit bewußt werden kann. Die Tagträume selbst werden als „unwichtig" eingestuft und ermöglichen eine kurzfristige Flucht aus einer als belastend erlebten Realität, wodurch eine zeitweilige Entlastung erreicht werden kann. Tritt bei Erwachsenen Verleugnung in den Vordergrund, so führt dies zu schweren Einbußen bei der Funktion der Realitätsprüfung (Psychosen), oder das Ich spaltet sich in einen Teil, der die Realität kennt, und einen tieferen Teil, der an der Verleugnung dieser Wahrheit festhält (meist ist es die Penislosigkeit der Frau, die derart verleugnet werden muß: Fetischismus).

Beispiel:

- Fall einer normalen Verleugnung: ein kleiner fünfjähriger Bub fürchtet sich vor seinem Vater. Angesichts dessen Größe und Körperkräfte müßte sich der Kleine ohnmächtig und schmächtig vorkommen. Diese Realtiät wird aber von ihm verleugnet, er erzählt jedem, daß er Weltmeister in Judo und daß er überhaupt der stärkste Mann der Welt ist.

- Eine passagere pathologische Verleugnung: ein achtjähriger Schuljunge wird von seinen sehr besorgten Eltern zur Psychotherapie gebracht, weil er täglich seinen Freund von dessen Haus abzuholen versucht, obwohl er Zeuge war, als dieser am Schulweg tödlich verunglückte. Zuhause hat er dann gar nichts davon erzählt, sondern ging am nächsten Tag wie üblich zu dem Haus seines Freundes, hat dort angeläutet und wollte ihn zur Schule abholen. Alle Versuche, ihn vorsichtig an das Erlebte zu erinnern, scheiterten bzw. änderten nichts an seinem fast zwanghaft anmutenden Verhalten, so daß die Eltern sich schließlich nicht mehr anders zu helfen wußten und einen Psychotherapeuten aufsuchten.

- Verleugnung mit schwerwiegenden Folgen: Verleugung spielt beim Umgang mit schweren körperlichen Erkrankungen oft eine unselige Rolle. Wichtige medizinische Maßnahmen werden oft versäumt, da Befunde, die auf die Ernsthaftigkeit einer körperlichen Störung hinweisen, derart Angst machen, daß sie einfach nicht zur Kenntnis genommen werden, und dadurch ein rechtzeitiges Eingreifen der Ärtze versäumt wird. Ein krasses Beispiel einer solchen Verleugnung bot ein älteres, sehr gebildetes Ehepaar. Der Ehemann bat einen befreundeten Chirurgen, sich eine „Kleinigkeit" an der Brust seiner Frau anzusehen. Der die Brust inspizierende Chirurg konnte sein Entsetzen kaum verbergen, als er eine von einem Brustkrebs völlig entstellte Brust zu sehen bekam. Beide hatten diese Tatsache solange als möglich zu verleugnen versucht, obwohl diese geradezu ins Auge stach.

Konversion

Definition: Durch Konversion finden konflikthafte unbewußte Phantasien in körperlichen Veränderungen (somatische, motorische oder sensible Symptome) szenisch und symbolisch ihren Ausdruck.

Beispiel:

- Hysterische Anfälle stellen eine pantomimische Darstellung von oft recht komplizierten Phantasiegeschichten dar, wobei es für den unvoreingenommenen Beobachter oft nicht allzuschwer ist zu erraten, welches Thema den unbewußten Inhalt des hysterischen Anfalls ausmacht (Verführung, Geschlechtsverkehr, Vergewaltigung, Schwangerschaft etc.).

- Hysterische Störungen der Sinneswahrnehmungen (hysterische Blindheit, Taubheit etc.) stellen Zurückweisungen von erregenden Sinneseindrücken dar. Ein hysterisches Nicht-Sehen-Können bedeutet ein Nicht-Sehen-Wollen und verweist auf anstößige voyeuristische Impulse: „Weil du etwas Verbotenes sehen wolltest, sollst du gar nichts sehen können!"

- Ebenso sind hysterische Lähmungen ein verzerrter Ersatz für verpönte sexuelle Handlungen. Hysterische Äquivalente der Masturbation bedienen sich häufig dieser Verkleidung.

Sublimierung

Definition: Sublimierung wird dann erreicht, wenn der Triebimpuls auf ein neues, nicht sexuelles Ziel und auf ein neues, nicht sexuelles Objekt abgelenkt werden kann.
Beispiel:

- oft ist es schwierig zu unterscheiden, inwieweit gerade berufliche Tätigkeiten echte, d. h. gelungene Sublimierungen darstellen oder eher als Reaktionsbildungen einzustufen sind;
- Sublimierung von sadistischen Triebregungen bei chirurgischen Tätigkeiten;
- Sublimierung von voyeuristischen Tendenzen bei fast allen ärztlichen Handlungen, die ein Zurschaustellen des nackten Körpers zum Inhalt haben;
- Sublimierung exhibitionistischer Impulse bei Schauspielern etc.

5. Vorlesung

Psychoanalytische Traumtheorie

Lehrziel:
Grundlagen einer psychoanalytischen Theorie des Traumes, Verständnis für die Konzepte der Wunscherfüllung, des Tagesrestes und der Traumarbeit anhand von Freuds Irma-Traum

Weiterführende Literatur:
Sigmund FREUD:
- Die Traumdeutung, 1900;
- Über den Traum, 1901;
- Metapsychologische Ergänzungen zur Traumlehre, 1917;
  in: Gesammelte Werke, S. Fischer;
D. ANZIEU: Freuds Selbstanalyse und die Entdeckung der Psychoanalyse;
Verlag Internationale Psychoanalyse.

Stichworte:
Freuds Traum von Irmas Injektion; manifester und latenter Traumgedanken; Traumarbeit; sekundäre Bearbeitung; der unbewußte Wunsch als Traumerreger; Körperregungen; Tagesreste; regressive Veränderungen von Ich- und Über-Ich-Funktionen

Am 12. Juni 1900 schrieb S. Freud an seinen Freund W. Fließ: „Glaubst du eigentlich, daß an dem Hause dereinst auf einer Marmortafel zu lesen sein wird: ‚Hier enthüllte sich am 24. Juli 1895 dem Dr. Sigmund Freud das Geheimnis des Traumes.'?" Am Morgen des 24. Juli 1895 hatte Freud einen Traum, den er sofort nach dem Erwachen niederschrieb. Als Traum von „Irmas Injektion" stellt er den ersten geglückten Versuch einer psychoanalytischen Traumdeutung dar. Von diesem Modell ausgehend schreibt Freud seine große Monographie „Die Traumdeutung", von der er überzeugt bleibt, daß sie zu seinen wichtigsten Werken zählt. „Die Traumdeutung" erscheint 1900.

Der Traum von Irmas Injektion
(S. Freud, 1900, Ges. W. II–III, 111–126)

„Vorbericht
  Im Sommer 1895 hatte ich eine junge Dame psychoanalytisch behandelt, die mir

und den Meinigen freundschaftlich sehr nahe stand. Man versteht es, daß solche Vermengung der Beziehungen zur Quelle mannigfacher Erregungen für den Arzt werden kann, zumal für den Psychotherapeuten. Das persönliche Interesse des Arztes ist größer, seine Autorität geringer. Ein Mißerfolg droht die alte Freundschaft mit den Angehörigen des Kranken zu lockern. Die Kur endete mit einem teilweisen Erfolg, die Patientin verlor ihre hysterische Angst, aber nicht alle ihre somatischen Symptome. Ich war damals noch nicht recht sicher in den Kriterien, welche die endgültige Erledigung einer hysterischen Krankengeschichte bezeichnen, und mutete der Patientin eine Lösung zu, die ihr nicht annehmbar erschien. In solcher Uneinigkeit brachen wir der Sommerzeit wegen die Behandlung ab. – Eines Tages besuchte mich ein jüngerer Kollege, einer meiner nächsten Freunde, der die Patientin – Irma – und ihre Familie in ihrem Landaufenthalt besucht hatte. Ich fragte ihn, wie er sie gefunden habe, und bekam die Antwort: Es geht ihr besser, aber nicht ganz gut. Ich weiß, daß mich die Worte meines Freundes Otto oder der Ton, in dem sie gesprochen waren, ärgerten. Ich glaubte einen Vorwurf herauszuhören, etwa daß ich der Patientin zu viel versprochen hätte, und führte – ob mit Recht oder Unrecht – die vermeintliche Parteinahme Ottos gegen mich auf den Einfluß von Angehörigen der Kranken zurück, die, wie ich annahm, meine Behandlung nie gerne gesehen hatten. Übrigens wurde mir meine peinliche Empfindung nicht klar, ich gab ihr auch keinen Ausdruck. Am selben Abend schrieb ich noch die Krankengeschichte Irmas nieder, um sie, wie zu meiner Rechtfertigung, dem Dr. M., einem gemeinsamen Freunde, der damals tonangebenden Persönlichkeit in unserem Kreise, zu übergeben. In der auf diesen Abend folgenden Nacht (wohl eher am Morgen) hatte ich den nachstehenden Traum, der unmittelbar nach dem Erwachen fixiert wurde. Es ist dies der erste Traum, den ich einer eingehenden Deutung unterzog).

Traum vom 23. / 24. Juli 1895

Eine große Halle – viele Gäste, die wir empfangen. – Unter ihnen Irma, die ich sofort beiseite nehme, um gleichsam ihren Brief zu beantworten, ihr Vorwürfe zu machen, daß sie die „Lösung" noch nicht akzeptiert. Ich sage ihr: Wenn du noch Schmerzen hast, so ist es wirklich nur deine Schuld. – Sie antwortet: Wenn du wüßtest, was ich für Schmerzen jetzt habe im Hals, Magen und Leib, es schnürt mich zusammen. – Ich erschrecke und sehe sie an. Sie sieht bleich und gedunsen aus; ich denke, am Ende übersehe ich da doch etwas Organisches. Ich nehme sie zum Fenster und schaue ihr in den Hals. Dabei zeigt sie etwas Sträuben wie die Frauen, die ein künstliches Gebiß tragen. Ich denke mir, sie hat es doch nicht nötig. – Der Mund geht dann auch gut auf, und ich finde rechts einen großen Fleck, und anderwärts sehe ich an merkwürdigen krausen Gebilden, die offenbar den Nasenmuscheln nachgebildet sind, ausgedehnte weißgraue Schorfe. – Ich rufe schnell Dr. M. hinzu, der die Untersu-

*chung wiederholt und bestätigt ... Dr. M. sieht ganz anders aus als sonst; er ist sehr
bleich, hinkt, ist am Kinn bartlos ... Mein Freund **Otto** steht jetzt auch neben ihr,
und Freund **Leopold** perkutiert sie über dem Leibchen und sagt: Sie hat eine
Dämpfung links unten, weist auch auf eine infiltrierte Hautpartie an der linken
Schulter hin (was ich trotz des Kleides wie er spüre) ... M. sagt: Kein Zweifel, es
ist eine Infektion, aber es macht nichts; es wird noch Dysenterie hinzukommen und
das Gift sich ausscheiden ... Wir wissen auch unmittelbar, woher die Infektion rührt.
Freund **Otto** hat ihr unlängst, als sie sich unwohl fühlte, eine Injektion gegeben mit
einem Propylpräparat, Propylen ... Propionsäure ... **Trimethylamin** (dessen
Formel ich fettgedruckt vor mir sehe) ... Man macht solche Injektionen nicht so
leichtfertig ... Wahrscheinlich war auch die Spritze nicht rein.*

Dieser Traum hat vor vielen anderen eines voraus. Es ist sofort klar, an welche
Ereignisse des letzten Tages er anknüpft, und welches Thema er behandelt. Der
Vorbericht gibt hierüber Auskunft. Die Nachricht, die ich von Otto über Irmas
Befinden erhalten, die Krankengeschichte, an der ich bis tief in die Nacht geschrieben, haben meine Seelentätigkeit auch während des Schlafes beschäftigt.
Trotzdem dürfte niemand, der den Vorbericht und den Inhalt des Traums zur Kenntnis
genommen hat, ahnen können, was der Traum bedeutet. Ich selbst weiß es auch nicht.
Ich wundere mich über die Krankheitssymptome, welche Irma im Traum mir klagt,
da es nicht dieselben sind, wegen welcher ich sie behandelt habe. Ich lächle über
die unsinnige Idee einer Injektion mit Propionsäure und über den Trost, den Dr. M.
ausspricht. Der Traum scheint mir gegen sein Ende hin dunkler und gedrängter, als
er zu Beginn ist. Um die Bedeutung von alledem zu erfahren, muß ich mich zu einer
eingehenden Analyse entschließen.

Analyse

Die Halle – viele Gäste, die wir empfangen. Wir wohnten in diesem Sommer auf
der Bellevue, einem einzelstehenden Hause auf einem der Hügel, die sich an den
Kahlenberg anschließen. Dies Haus war ehemals zu einem Vergnügungslokal
bestimmt, hat hievon die ungewöhnlich hohen, hallenförmigen Räume. Der Traum
ist auch auf der Bellevue vorgefallen, und zwar wenige Tage vor dem Geburtsfeste
meiner Frau. Am Tage hatte meine Frau die Erwartung ausgesprochen, zu ihrem
Geburtstag würden mehrere Freunde, und darunter auch Irma, als Gäste zu uns
kommen. Mein Traum antizipiert also diese Situation: Es ist der Geburtstag meiner
Frau und viele Leute, darunter Irma, werden von uns als Gäste in der großen Halle
der Bellevue empfangen.
*Ich mache Irma Vorwürfe, daß sie die Lösung nicht akzeptiert hat; ich sage: Wenn
du noch Schmerzen hast, ist es deine eigene Schuld.* Das hätte ich auch im Wachen
sagen können, oder habe es ihr gesagt. Ich hatte damals die (später als unrichtig

erkannte) Meinung, daß meine Aufgabe sich darin erschöpfe, den Kranken den verborgenen Sinn ihrer Symptome mitzuteilen; ob sie die Lösung dann annehmen oder nicht, wovon der Erfolg abhängt, dafür sei ich nicht mehr verantwortlich. Ich bin diesem jetzt glücklich überwundenen Irrtum dankbar dafür, daß er mir die Exstenz zu einer Zeit erleichtert, da ich in all meiner unvermeidlichen Ignoranz Heilerfolge produzieren sollte. – Ich merke aber an dem Satz, den ich im Traume zu Irma spreche, daß ich vor allem nicht Schuld sein will an den Schmerzen, die sie noch hat. Wenn es Irmas eigene Schuld ist, dann kann es nicht meine sein. Sollte in dieser Richtung die Absicht des Traums zu suchen sein?

Irmas Klagen; Schmerzen im Hals, Leib und Magen, es schnürt sie zusammen. Schmerzen im Magen gehörten zum Symptomkomplex meiner Patientin, sie waren aber nicht sehr vordringlich; sie klagte eher über Empfindungen von Übelkeit und Ekel. Schmerzen im Hals, im Leib, Schnüren in der Kehle spielten bei ihr kaum eine Rolle. Ich wundere mich, warum ich mich zu dieser Auswahl der Symptome im Traum entschlossen habe, kann es auch für den Moment nicht finden.

Sie sieht bleich und gedunsen aus. Meine Patientin war immer rosig. Ich vermute, daß sich hier eine andere Person ihr unterschiebt.

Ich erschrecke im Gedanken, daß ich doch eine organische Affektion übersehen habe. Wie man mir gerne glauben wird, eine nie erlöschende Angst beim Spezialisten, der fast ausschließlich Neurotiker sieht, und der so viele Erscheinungen auf Hysterie zu schieben gewohnt ist, welche andere Ärzte als organisch behandeln. Andererseits beschleicht mich – ich weiß nicht woher – ein leiser Zweifel, ob mein Erschrecken ganz ehrlich ist. Wenn die Schmerzen Irmas organisch begründet sind, so bin ich wiederum zu deren Heilung nicht verpflichtet. Meine Kur beseitigt ja nur hysterische Schmerzen. Es kommt mir also eigentlich vor, als sollte ich einen Irrtum in der Diagnose wünschen; dann wäre der Vorwurf des Mißerfolgs auch beseitigt.

Ich nehme sie zum Fenster, um ihr in den Hals zu sehen. Sie sträubt sich ein wenig wie die Frauen, die falsche Zähne tragen. Ich denke mir, sie hat es ja doch nicht nötig. Bei Irma hatte ich niemals Anlaß, die Mundhöhle zu inspizieren. Der Vorgang im Traum erinnert mich an die vor einiger Zeit vorgenommene Untersuchung einer Gouvernante, die zunächst den Eindruck von jugendlicher Schönheit gemacht hatte, beim Öffnen des Mundes aber gewisse Anstalten traf, um ihr Gebiß zu verbergen. An diesen Fall knüpfen sich andere Erinnerungen an ärztliche Untersuchungen und an kleine Geheimnisse, die dabei, keinem von beiden zur Lust, enthüllt werden. – Sie hat es doch nicht nötig, ist wohl zunächst ein Kompliment für Irma; ich vermute aber noch eine andere Bedeutung. Man fühlt es bei aufmerksamer Analyse, ob man die zu erwartenden Hintergedanken erschöpft hat oder nicht. Die Art, wie Irma beim Fenster steht, erinnert mich plötzlich an ein anderes Erlebnis. Irma besitzt eine intime Freundin, die ich sehr hoch schätze. Als ich eines Abends bei ihr einen Besuch machte, fand ich sie in der im Traum reproduzierten Situation beim Fenster, und ihr Arzt, derselbe Dr. M., erklärte, daß sie einen diphtherischen Belag habe. Die Person des Dr. M. und der Belag kehren ja im Fortgang des Traumes wieder. Jetzt fällt mir ein, daß ich in den letzten Monaten allen Grund habe, von dieser anderen Dame anzunehmen, sie sei gleichfalls hysterisch. Ja, Irma selbst hat es mir verraten. Was weiß ich aber von ihren Zuständen? Gerade das eine, daß sie an hysterischem Würgen leidet wie meine Irma im Traum. Ich habe also im Traum meine Patientin durch ihre Freundin ersetzt. Jetzt erinnere ich mich, ich habe oft mit der Vermutung gespielt, diese Dame könnte mich gleichfalls in Anspruch nehmen, sie von ihren Symptomen zu befreien. Ich hielt es aber dann selbst für unwahrscheinlich, denn sie ist von sehr zurückhaltender Natur. Sie s t r ä u b t sich, wie es der Traum zeigt. Eine andere Erklärung wäre, d a ß   s i e   e s n i c h t   n ö t i g   h a t ; sie hat sich wirklich bisher stark genug gezeigt, ihre Zustände ohne fremde Hilfe zu beherrschen. Nun sind nur noch einige Züge übrig, die ich weder bei der Irma noch bei ihrer Freundin unterbringen kann: bleich, gedunsen, falsche Zähne. Die falschen Zähne führten mich auf jene Gouvernante; ich fühle mich nun geneigt, mich mit schlechten Zähnen zu begnügen. Dann fällt mir eine andere Person ein, auf welche jene Züge anspielen können. Sie ist gleichfalls nicht meine Patientin, und ich möchte sie nicht zur Patientin haben, da ich gemerkt habe, daß sie sich vor mir geniert und ich sie für keine gefügige Kranke halte. Sie ist für gewöhnlich bleich, und als sie einmal eine besonders gute Zeit hatte, war sie gedunsen. (Auf diese dritte Person läßt sich auch die noch unaufgeklärte Klage über Schmerzen im Leib zurückführen. Es handelt sich natürlich um meine eigene Frau; die Leibschmerzen erinnern mich an einen der Anlässe, bei denen ihre Scheu mir deutlich wurde. Ich muß mir eingestehen, daß ich Irma und meine Frau in diesem Traume nicht sehr liebenswürdig behandle, aber zu meiner Entschuldigung sei bemerkt, daß ich beide am Ideal der braven, gefügigen Patientin messe.) Ich habe also meine Patientin Irma mit zwei anderen Personen verglichen, die sich gleichfalls der Behandlung sträuben würden. Was kann es für Sinn haben, daß ich sie im Traume mit ihrer Freundin vertauscht habe? Etwa, daß ich sie vertauschen möchte; die andere erweckt entweder bei mir stärkere Sympathien oder ich habe eine höhere Meinung von ihrer Intelligenz. Ich halte nämlich Irma für unklug, weil sie meine Lösung nicht akzeptiert. Die andere wäre klüger, würde also eher nachgeben. Der M u n d   g e h t   d a n n   a u c h   g u t   a u f ; sie würde mehr erzählen als Irma. (Ich ahne, daß die Deutung dieses Stücks nicht weit genug geführt ist, um allem verborgenen Sinn zu folgen. Wollte ich die Vergleichung der drei Frauen fortsetzen, so käme ich weit ab. – Jeder Traum hat mindestens eine Stelle, an welcher er unergründlich ist, gleichsam einen Nabel, durch den er mit dem Unerkannten zusammenhängt.)

Was ich im Halse sehe: einen weißen Fleck und verschorfte Nasenmuscheln. Der weiße Fleck erinnert an Diphtheritis und somit an Irmas Freundin, außerdem aber an die schwere Erkrankung meiner ältesten Tochter vor nahezu zwei Jahren, und an all den Schreck jener bösen Zeit. Die Schorfe an den Nasenmuscheln mahnen an eine Sorge um meine eigene Gesundheit. Ich gebrauchte damals häufig Kokain, um lästige Nasenschwellungen zu unterdrücken, und hatte vor wenigen Tagen gehört, daß eine Patientin, die es mir gleich tat, sich eine ausgedehnte Nekrose der Nasenschleimhaut zugezogen hatte. Die Empfehlung des Kokains, die 1885 von mir ausging, hat mir auch schwerwiegende Vorwürfe eingetragen. Ein teurer, 1895 schon verstorbener Freund hatte durch den Mißbrauch dieses Mittels seinen Untergang beschleunigt.

Ich rufe schnell Dr. M hinzu, der die Untersuchung wiederholt. Das entspräche einfach der Stellung, die M. unter uns einnahm. Aber das „schnell" ist auffällig genug, um eine besondere Erklärung zu fordern. Es erinnert mich an ein trauriges ärztliches Erlebnis. Ich hatte einmal durch die fortgesetzte Ordination eines Mittels, welches damals noch als harmlos galt (Sulfonal), eine schwere Intoxikation bei einer Kranken hervorgerufen und wandte mich dann eiligst an den erfahrenen älteren Kollegen um Beistand. Daß ich diesen Fall wirklich im Auge habe, wird durch einen Nebenumstand erhärtet. Die Kranke, welche der Intoxikation erlag, führte denselben Namen wie meine älteste Tochter. Ich hatte bis jetzt niemals daran gedacht; jetzt kommt es mir beinahe wie eine Schicksalsvergeltung vor. Als sollte sich die Ersetzung der Personen in anderem Sinne fortsetzen; diese Mathilde für jene Mathilde; Aug' um Aug', Zahn um Zahn. Es ist, als ob ich alle Gelegenheiten hervorsuchte, aus denen ich mir den Vorwurf mangelnder ärztlicher Gewissenhaftigkeit machen kann.

Dr. M. ist bleich, ohne Bart am Kinn und hinkt. Davon ist soviel richtig, daß sein schlechtes Aussehen häufig die Sorge seiner Freunde erweckt. Die beiden anderen Chraktere müssen einer anderen Person angehören. Es fällt mir mein im Auslande lebender älterer Bruder ein, der das Kinn rasiert trägt und dem, wenn ich mich recht erinnere, der M. des Traumes im ganzen ähnlich sah. Über ihn kam vor einigen Tagen die Nachricht, daß er wegen einer arthritischen Erkrankung in der Hüfte hinke. Es muß einen Grund haben, daß ich die beiden Personen im Traume zu einer einzigen verschmelze. Ich erinnere mich wirklich, daß ich gegen beide aus ähnlichen Gründen mißgestimmt war. Beide hatten einen gewissen Vorschlag, den ich ihnen in der letzten Zeit gemacht hatte, zurückgewiesen.

Freund Otto steht jetzt bei der Kranken und Freund Leopold untersucht sie und weist eine Dämpfung links unten nach. Freund Leopold ist gleichfalls Arzt, ein Verwandter von Otto. Das Schicksal hat die beiden, da sie dieselbe Spezialität ausüben, zu Konkurrenten gemacht, die man beständig miteinander vergleicht. Sie haben mir beide Jahre hindurch assistiert, als ich noch eine öffentliche Ordination für nervenkranke Kinder leitete. Szenen, wie die im Traum reproduzierte, haben sich dort oftmals zugetragen. Während ich mit *Otto* über die Diagnose eines Falles debattierte, hatte *Leopold* das Kind neuerdings untersucht und einen unerwarteten Beitrag zur Entscheidung beigebracht. Es bestand eben zwischen ihnen eine ähnliche Charakterverschiedenheit wie zwischen dem Inspektor *Bräsig* und seinem Freunde *Karl*. Der eine tat sich durch „Fixigkeit" hervor, der andere war langsam, bedächtig, aber gründlich. Wenn ich im Traume Otto und den vorsichtigen Leopold einander gegenüberstelle, so geschieht es offenbar, um Leopold herauszustreichen. Es ist ein ähnliches Vergleichen wie oben zwischen der unfolgsamen Patientin Irma und ihrer für klüger gehaltenen Freundin. Ich merke jetzt auch eines der Gleise, auf denen sich die Gedankenverbindung im Traume fortschiebt: vom kranken Kind zum Kinderkrankeninstitut. – Die Dämpfung links unten macht mir den Eindruck, als entspräche sie allen Details eines einzelnen Falls, in dem mich Leopold durch seine Gründlichkeit frappiert hat. Es schwebt mir außerdem etwas vor wie eine metastatische Affektion, aber es könnte auch eine Beziehung zu der Patientin sein, die ich an Stelle von Irma haben möchte. Diese Dame imitiert nämlich, soweit ich es übersehen kann, ein Tuberkulose.

Eine infiltrierte Hautpartie an der linken Schulter. Ich weiß sofort, das ist mein eigener Schulterrheumatismus, den ich regelmäßig verspüre, wenn ich bis tief in die Nacht wach geblieben bin. Der Wortlaut im Traume klingt auch so zweideutig: was ich … wie er s p ü r e . Am eigenen Körper spüre, ist gemeint. Übrigens fällt mir auf, wie ungewöhnlich die Bezeichnung „infiltrierte Hautpartie" klingt. An die „Infiltrate links hinten oben" sind wir gewöhnt; die bezögen sich auf die Lunge und somit wieder auf Tuberkulose.

Trotz des Kleides. Das ist allerdings nur eine Einschaltung. Die Kinder im Krankeninstitut untersuchten wir natürlich entkleidet; es ist irgendein Gegensatz zur Art, wie man erwachsene weibliche Patienten untersuchen muß. Von einem hervorragenden Kliniker pflegte man zu erzählen, daß er seine Patienten stets nur durch die Kleider physikalisch untersucht habe. Das Weitere ist mir dunkel, ich habe, offen gesagt, keine Neigung, mich hier tiefer einzulassen.

Dr. M. sagt: Es ist eine Infektion, aber es macht nichts. Es wird noch Dysenterie hinzukommen und das Gift sich ausscheiden. Das erscheint mir zuerst lächerlich, muß aber doch, wie alles andere, sorgfältig zerlegt werden. Näher betrachtet zeigt es doch eine Art von Sinn. Aus der Zeit der Erkrankung meiner Tochter erinnere ich mich an die Diskussion über Diphtheritis und Diphtherie. Letztere ist die Allgemeininfektion, die von der lokalen Diphtheritis ausgeht. Eine solche Allgemeininfektion weist Leopold durch die Dämpfung nach, welche also an metastatische Herde denken läßt. Ich glaube zwar, daß gerade bei Diphtherie derartige Metastasen nicht vorkommen. Sie erinnern mich eher an Pyämie.

Es macht nichts ist ein Trost. Ich meine, er fügt sich folgendermaßen ein: Das letzte Stück des Traumes hat den Inhalt gebracht, daß die Schmerzen der Patientin von einer schweren organischen Affektion herrühren. Es ahnt mir, daß ich auch damit nur die Schuld von mir abwälzen will. Für den Fortbestand diphtherischer Leiden kann die psychische Kur nicht verantwortlich gemacht werden. Nun geniert es mich doch, daß ich Irma ein so schweres Leiden andichte, einzig und allein, um mich zu entlasten. Es sieht so grausam aus. Ich brauche also eine Versicherung des guten Ausgangs, und es scheint mir nicht übel gewählt, daß ich den Trost gerade der Person des Dr. M. in den Mund lege. Ich erhebe mich aber hier über den Traum, was der Aufklärung bedarf.

Warum ist dieser Trost aber so unsinnig?

Dysenterie: Irgendeine fernliegende theoretische Vorstellung, daß Krankheitsstoffe durch den Darm entfernt werden können. Will ich mich damit über den Reichtum des Dr. M. an weit hergeholten Erklärungen, sonderbaren pathologischen Verknüpfungen lustig machen? Zu Dysenterie fällt mir noch etwas anderes ein. Vor einigen Monaten hatte ich einen jungen Mann mit merkwürdigen Stuhlbeschwerden übernommen, den andere Kollegen als einen Fall von „Anämie mit Unterernährung" behandelt hatten. Ich erkannte, daß es sich um eine Hysterie handle, wollte meine Psychotherapie nicht an ihm versuchen und schickte ihn auf eine Seereise. Nun bekam ich vor einigen Tagen einen verzweifelten Brief von ihm aus Ägypten, daß er dort einen neuen Anfall durchgemacht, den der Arzt für Dysenterie erklärt habe. Ich vermute zwar, die Diagnose ist nur ein Irrtum des unwissenden Kollegen, der sich von der Hysterie äffen läßt; aber ich konnte mir doch die Vorwürfe nicht ersparen, daß ich den Kranken in die Lage versetzt, sich zu einer hysterischen Darmaffektion etwa noch eine organische zu holen. Dysenterie klingt ferner an Diphtherie an, welcher Name XXX im Traum nicht genannt wird.

Ja, es muß so sein, daß ich mich mit der tröstlichen Prognose: Es wird noch Dysenterie hinzukommen usw. über Dr. M. lustig mache, denn ich entsinne mich, daß er einmal vor Jahren etwas ganz Ähnliches von einem Kollegen lachend erzählt hat. Er war zur Konsultation mit diesem Kollegen bei einem schwer Kranken berufen worden und fühlte sich veranlaßt, dem anderen, der sehr hoffnungsfreudig schien, vorzuhalten, daß er beim Patienten Eiweiß im Harn finde. Der Kollege ließ sich aber nicht irremachen, sondern antwortete beruhigt: D a s m a c h t n i c h t s , Herr Kollege, der Eiweiß wird sich schon ausscheiden! – Es ist mir also nicht mehr zweifelhaft, daß in diesem Stück des Traumes ein Hohn auf die der Hysterie unwissenden Kollegen enthalten ist. Wie zur Bestätigung fährt mir jetzt durch den Sinn: Weiß denn Dr. M., daß die Erscheinungen bei seiner Patientin, der Freundin Irmas, welche eine Tuberkulose befürchten lassen, auch auf Hysterie beruhen? Hat er diese Hysterie erkannt, oder ist er ihr „aufgesessen?"

Welches Motiv kann ich aber haben, diesen Freund so schlecht zu behandeln? Das ist sehr einfach: Dr. M. ist mit meiner „Lösung" bei Irma so wenig einverstanden wie Irma selbst. Ich habe also in diesem Traum bereits an zwei Personen Rache genommen, an Irma mit den Worten: Wenn du noch Schmerzen hast, ist es deine eigene Schuld, and an Dr. M. mit dem Wortlaut der ihm in den Mund gelegten unsinnigen Tröstung.

Wir wissen unmittelbar, woher die Infektion rührt. Dies unmittelbare Wissen im Traume ist merkwürdig. Eben vorhin wußten wir es noch nicht, da die Infektion erst durch Leopold nachgewiesen wurde.

Freund Otto hat ihr, als sie sich unwohl fühlte, eine Injektion gegeben. Otto hatte wirklich erzählt, daß er in der kurzen Zeit seiner Anwesenheit bei Irmas Familie ins benachbarte Hotel geholt wurde, um dort jemandem, der sich plötzlich unwohl fühlte, eine Injektion zu machen. Die Injektionen erinnern mich wieder an den unglücklichen Freund, der sich mit Kokain vergiftet hat. Ich hatte ihm das Mittel nur zur internen Anwendung während der Morphiumentziehung geraten; er machte sich aber unverzüglich Kokaininjektionen.

Mit einem Propylpräparat ... Propylen ... Propionsäure. Wie komme ich nur dazu? Am selben Abend, nach welchem ich an der Krankengeschichte geschrieben und darauf geträumt hatte, öffnete meine Frau eine Flasche Likör, auf welcher „Ananas" zu lesen stand und die ein Geschenk unseres Freundes Otto war. Er hatte nämlich die Gewohnheit, bei allen möglichen Anlässen zu schenken; hoffentlich wird er einmal durch eine Frau davon kuriert. Diesem Likör entströmte ein solcher Fuselgeruch, daß ich mich weigerte, davon zu kosten. Meine Frau meinte: Diese Flasche schenken wir den Diestleuten, und ich, noch vorsichtiger, untersagte es mit der menschenfreundlichen Bemerkung, sie sollen sich auch nicht vergiften. Der Fuselgeruch (Amyl ...) hat nun offenbar bei mir die Erinnerung an die ganze Reihe: Propyl, Methyl usw. geweckt, die für den Traum die Propylenpräparate lieferte. Ich habe dabei allerdings eine Substitution vorgenommen, Propyl geträumt, nachdem ich Amyl gerochen, aber derartige Substitutionen sind vielleicht gerade in der organischen Chemie gestattet.

Trimethylamin. Von diesem Körper sehe ich im Traume die chemische Formel, was jedenfalls eine große Anstrengung meines Gedächtnisses bezeugt, und zwar ist die Formel fett gedruckt, als wollte man aus dem Kontext etwas als ganz besonders wichtig herausheben. Worauf führt mich nun Trimethylamin, auf das ich in solcher Weise aufmerksam gemacht werde? Auf ein Gespräch mit einem anderen Freunde, der seit Jahren um all meine keimenden Arbeiten weiß, wie ich um die seinigen. Er hatte mir damals gewisse Ideen zu einer Sexualchemie mitgeteilt und unter anderem erwähnt, eines der Produkte des Sexualstoffwechsels glaube er im Trimethyamin zu erkennen. Dieser Körper führt mich also auf die Sexualität, auf jenes Moment, dem ich für die Entstehung der nervösen Affektionen, welche ich heilen will, die größte Bedeutung beilege. Meine Patientin Irma ist eine jugendliche Witwe; wenn es mir darum zu tun ist, den Mißerfolg der Kur bei ihr zu entschuldigen, werde ich mich wohl am besten auf diese Tatsache berufen, an welcher ihre Freunde gern ändern möchten. Wie merkwürdig übrigens ein solcher Traum gefügt ist! Die andere, welche ich an Irmas Statt im Traume zur Patientin habe, ist auch eine junge Witwe.

Ich ahne, warum die Formel Trimethylamin im Traume sich so breit gemacht hat. Es kommt soviel Wichtiges in diesem einen Wort zusammen: Trimethylamin ist nicht nur eine Anspielung auf das übermächtige Moment der Sexualität, sondern auch auf eine Person, an deren Zustimmung ich mich mit Befriedigung erinnere, wenn ich mich mit meinen Ansichten verlassen fühle. Sollte dieser Freund, der in meinem Leben eine so große Rolle spielt, in dem Gedankenzusammenhang des Traumes weiter nicht vorkommen? Doch; er ist ein besonderer Kenner der Wirkungen, welche von Affektionen der Nase und ihrer Nebenhöhlen ausgehen, und hat der Wissenschaft einige höchst merkwürdige Beziehungen der Nasenmuscheln zu den weiblichen Sexualorganen eröffnet. (Die drei krausen Gebilde im Hals bei Irma.) Ich habe Irma von ihm untersuchen lassen, ob ihre Magenschmerzen etwa nasalen Ursprungs sind. Er leidet aber selbst an Naseneiterungen, die mir Sorge bereiten, und darauf spielt wohl die Pyämie an, die mir bei den Metastasen des Traumes vorschwebt.

Man macht solche Injektionen nicht so leichtfertig. Hier wird der Vorwurf der Leichtfertigkeit unmittelbar gegen Freund Otto geschleudert. Ich glaube, etwas Ähnliches habe ich mir am Nachmittage gedacht, als er durch Wort und Blick seine Parteinahme gegen mich zu bezeugen schien. Es war etwa: Wie leicht er sich beeinflussen läßt; wie leicht er mit seinem Urteil fertig wird. – Außerdem deutet mir der obenstehende Satz wiederum auf den verstorbenen Freund, der sich so rasch zu Kokaininjektionen entschloß. Bei dem Vorwurf, den ich gegen Otto erhebe, leichtfertig mit jenen chemischen Stoffen umzugehen, merke ich, daß ich wieder die Geschichte jener unglücklichen Mathilde berühre, aus der derselbe Vorwurf gegen mich hervorgeht. Ich sammle hier offenbar Beispiele für meine Gewissenhaftigkeit, aber auch fürs Gegenteil.

Wahrscheinlich war auch die Spritze nicht rein. Noch ein Vorwurf gegen Otto, der aber anderswoher stammt. Gestern traf ich zufällig den Sohn einer zweiundzwanzigjährigen Dame, der ich täglich zwei Morphiuminjektionen geben muß. Sie ist gegenwärtig auf dem Lande, und ich hörte über sie, daß sie an einer Venenentzündung leide. Ich dachte sofort daran, es handle sich um ein Infiltrat durch Verunreinigung der Spritze. Es ist mein Stolz, daß ich ihr in zwei Jahren nicht ein einziges Infiltrat gemacht habe; es ist freilich meine beständige Sorge, ob die Spritze auch rein ist. Ich bin eben gewissenhaft. Von der Venenentzündung komme ich wieder auf meine Frau, die in einer Schwangerschaft an Venenstauungen gelitten, und nun tauchen in meiner Erinnerung drei ähnliche Situationen, mit meiner Frau, mit Irma und der verstorbenen Mathilde auf, deren Identität mir offenbar das Recht gegeben hat, die drei Personen im Traum füreinander einzusetzen.

Ich habe die Traumdeutung vollendet. Während dieser Arbeit hatte ich Mühe, mich all der Einfälle zu erwehren, zu denen der Vergleich zwischen dem Trauminhalt und den dahinter versteckten Traumgedanken die Anregung geben mußte. Auch ist mir unterdes der „Sinn" des Traumes aufgegangen. Ich habe eine Absicht gemerkt, welche durch den Traum verwirklicht wird und die das Motiv des Träumens gewesen sein muß. Der Traum erfüllt einige Wünsche, welche durch die Ereignisse des letzten Abends (die Nachricht Ottos, die Niederschrift der Krankengeschichte) in mir rege gemacht worden sind. Das Ergebnis des Traumes ist nämlich, daß ich nicht Schuld bin an dem noch vorhandenen Leiden Irmas, und daß Otto daran Schuld ist. Nun hat mich Otto durch seine Bemerkung über Irmas unvollkommene Heilung geärgert, der Traum rächt mich an ihm, indem er den Vorwurf auf ihn selbst zurückwendet. Von der Verantwortung für Irmas Befinden spricht der Traum mich frei, indem er dasselbe auf andere Momente (gleich eine ganze Reihe von Begründungen) zurückführt. Der Traum stellt einen gewissen Sachverhalt so dar, wie ich ihn wünschen möchte; s e i n   I n h a l t   i s t   a l s o   e i n e   W u n s c h - e r f ü l l u n g ,   s e i n   M o t i v   e i n   W u n s c h .

Soviel springt in die Augen. Aber auch von den Details des Traumes wird mir manches unter dem Gesichtspunkte der Wunscherfüllung verständlich. Ich räche mich nicht nur an Otto für seine voreilige Parteinahme gegen mich, indem ich ihm eine voreilige ärztliche Handlung zuschiebe (die Injektion), sondern ich nehme auch Rache an ihm für den schlechten Likör, der nach Fusel duftet, und ich finde im Traum einen Ausdruck, der beide Vorwürfe vereint: die Injektion mit einem Propylenpräparat. Ich bin noch nicht befriedigt, sondern setze meine Rache fort, indem ich ihm seinen verläßlicheren Konkurrenten gegenüberstelle. Ich scheine damit zu sagen: Der ist mir lieber als du. Otto ist aber nicht der einzige, der die Schwere meines Zorns zu fühlen hat. Ich räche mich auch an der unfolgsamen Patientin, indem ich sie mit einer klügeren, gefügigeren vertausche. Ich lasse auch dem Dr. M. seinen Widerspruch nicht ruhig hingehen, sondern drücke ihm in einer deutlichen Anspielung meine Meinung aus, daß er der Sache als ein Unwissender gegenübersteht („Es wird Dysenterie hinzukommen etc."). Ja, mir scheint, ich appelliere von ihm weg an einen anderen, Besserwissenden (meinen Freund, der mir vom Trimethylamin erzählt hat), wie ich von Irma an ihre Freundin, von Otto an Leopold mich gewendet habe. Schafft mir diese Person weg, ersetzt sie mir durch drei andere meiner Wahl, dann bin ich der Vorwürfe ledig, die ich nicht verdient haben will! Die Grundlosigkeit dieser Vorwürfe selbst wird mir im Traume auf die weitläufigste Art erwiesen. Irmas Schmerzen fallen nicht mir zur Last, denn sie ist selbst schuld an ihnen, indem sie meine Lösung anzunehmen verweigert. Irmas Schmerzen gehen mich nichts an, denn sie sind organischer Natur, durch eine psychische Kur gar nicht heilbar. Irmas Leiden erklären sich befriedigend durch ihre Witwenschaft (Trimethylamin!), woran ich ja nichts ändern kann. Irmas Leiden ist durch eine unvorsichtige Injektion von seiten Ottos hervorgerufen worden mit einem dazu nicht geeigneten Stoff, wie ich sie nie gemacht hätte. Irmas Leiden rührt von einer Injektion mit unreiner Spritze her wie die Venenentzündung meiner alten Dame, während ich bei meinen Injektionen niemals was anstelle. Ich merke zwar, diese Erklärungen für Irmas Leiden, die darin zusammentreffen, mich zu entlasten, stimmen untereinander nicht zusammen, ja sie schließen einander aus. Das ganze Plädoyer – nichts anderes ist dieser Traum – erinnert lebhaft an die Verteidigung des Mannes, der von seinem Nachbarn angeklagt war, ihm einen Kessel in schadhaftem Zustande zurückgegeben zu haben. Erstens habe er ihn unversehrt zurückgebracht, zweitens war der Kessel schon durchlöchert, als er ihn entlehnte, drittens hat er nie einen Kessel vom Nachbarn entlehnt. Aber um so besser; wenn nur eine dieser Verteidigungsarten als stichhaltig erkannt wird, muß der Mann freigesprochen werden.

Es spielen in den Traum noch andere Themata hinein, deren Beziehung zu meiner Entlastung von Irmas Krankheit nicht so durchsichtig ist: Die Krankheit meiner Tochter und die einer gleichnamigen Patientin, die Kokainschädlichkeit, die Affektion meines in Ägypten reisenden Patienten, die Sorge um die Gesundheit meiner Frau, meines Bruders, des Dr. M., meine eigenen Körperbeschwerden, die Sorge um den abwesenden Freund, der an Naseneiterungen leidet. Doch wenn ich all das ins Auge fasse, fügt es sich zu einem einzigen Gedankenkreis zusammen, etwa mit der Etikette: Sorge um die Gesundheit, eigene und fremde, ärztliche Gewissenhaftigkeit. Ich erinnere mich an eine unklare peinliche Empfindung, als mir Otto die Nachricht von Irmas Befinden brachte. Aus dem im Traume mitspielenden Gedankenkreis möchte ich nachträglich den Ausdruck für diese flüchtige Empfindung einsetzen. Es ist, als ob er mir gesagt hätte: Du nimmst deine ärztlichen Pflichten nicht ernsthaft genug, bist nicht gewissenhaft, hältst nicht, was du versprichst. Daraufhin hätte sich mir jener Gedankenkreis zur Verfügung gestellt, damit ich den Nachweis erbringen könne, in wie hohem Grade ich gewissenhaft bin, wie sehr mir die Gesundheit meiner Angehörigen, Freunde und Patienten am Herzen liegt. Bemerkenswerterweise sind unter diesem Gedankenmaterial auch peinliche Erinnerungen, die eher für die meinem Freund Otto zugeschriebene Beschuldigung als für meine Entschuldigung sprechen. Das Material ist gleichsam unparteiisch, aber der Zusammenhang dieses breiteren Stoffes, auf dem der Traum ruht, mit dem engeren Thema des Traums, aus dem der Wunsch hervorgegangen ist, an Irmas Krankheit unschuldig zu sein, ist doch unverkennbar. Ich will nicht behaupten, daß ich den Sinn dieses Traumes vollständig aufgedeckt habe, daß seine Deutung eine lückenlose ist.

Ich könnte noch lange bei ihm verweilen, weitere Aufklärung aus ihm entnehmen und neue Rätsel erörtern, die er aufwerfen heißt. Ich kenne selbst die Stellen, von denen aus weitere Gedankenzusammenhänge zu verfolgen sind; aber Rücksichten, wie sie bei jedem eigenen Traum in Betracht kommen, halten mich von der

Deutungsarbeit ab. Wer mit dem Tadel für solche Reserve rasch bei der Hand ist, der möge nur selbst versuchen, aufrichtiger zu sein als ich. Ich begnüge mich für den Moment mit der einen neu gewonnen Erkenntnis: Wenn man die hier angezeigte Methode der Traumdeutung befolgt, findet man, daß der Traum wirklich einen Sinn hat und keineswegs der Ausdruck einer zerbröckelten Hirntätigkeit ist, wie die Autoren wollen. N a c h   v o l l e n d e t e r   D e u t u n g s a r b e i t l ä ß t   s i c h   d e r   T r a u m   a l s   e i n e   W u n s c h e r f ü l l u n g e r - k e n n e n . "

Traum

Definition: Das bewußte Erleben während des Schlafens, an das sich der Schläfer nach dem Aufwachen erinnert oder auch nicht, wird als der **manifeste Trauminhalt** bezeichnet. Die unbewußten psychischen Inhalte, die den Schlafenden aufzuwecken drohen, werden **latenter Trauminhalt** genannt. Die Gesamtheit der psychischen Operationen, die den latenten Trauminhalt in den manifesten Traum umwandeln, heißt **Traumarbeit.**

Latenter Trauminhalt

Definition: „Latenter Trauminhalt" bezieht sich auf alle Elemente des Traums, die nicht manifest (= bewußt) sind. Er muß erst durch „Deutung" (Deutungsarbeit) erschlossen werden.
Der latente Trauminhalt besteht aus:
1. Dynamisch unbewußten Wünschen
2. Latenten Traumgedanken
3. Körpererregungen

Körpererregungen

Nächtliche Sinneseindrücke (Sinnesreize wie das Schrillen eines Weckers) oder **körperliche Beschwerden / Schmerzen** (Durst, Hunger, Hitze- bzw. Kältegefühle etc.) können zur Traumbildung herangezogen werden, wenn sie sich zur Verbindung mit anderen Vorstellungsinhalten des Traumes eignen. Andernfalls, wenn diese somatischen Reize nicht ignoriert oder verleugnet werden können, stoßen sie die Bildung eines Traums lediglich an (wirken als Traumerreger) oder sie führen zu direktem Erwachen, ohne die Bildung eines Traums anzuregen und dazu Material zu liefern. Den meisten dieser Sinnesreize gelingt es üblicherweise nicht, unseren Schlaf zu stören: selbst am Tag als recht heftig empfundene Sinnesreize wie Gewitter oder laute Musik werden von manchen Pesonen nicht als Weckreize eingestuft. Darüber hinaus zeigt das Phänomen des „Ammenschlafs", daß unsere Psyche nachts nicht vollkommen ausgeschaltet, sondern sehr selektiver Leistungen fähig ist: Mütter (oder Väter) sind sehr wohl in der Lage, beim leisesten Geräusch, das ihr kleines Kind verursacht, sofort aus dem Schlaf hochzufahren, während andere, viel stärkere Reize zu keinen Reaktionen führen. Träume, deren manifester Inhalt vorwiegend durch diese Reize geprägt sind, stellen die sogenannten **Bequemlichkeitsträume** dar: Träume, in denen der Träumende bereits am Waschtisch steht, in die Schule, die Arbeit geht, seine Notdurft bereits verrichtet etc. und sich dadurch noch ein kleines Stück Schlaf gönnen kann. Diese Träume führen bei Erwachsenen üblicherweise zum Erwachen.

Latente Traumgedanken

Definition: „Latente Traumgedanken" beziehen sich nur auf die vorbewußten (grundsätzlich bewußtseinsfähigen) Inhalte des latenten Trauminhalts.

Diese (vorbewußten) Gedanken sind Überbleibsel des Tages („**Tagesreste**"), die uns tagsüber beschäftigt haben, die auch während des Schlafs aktiv bleiben und uns aufzuwecken drohen.

„Es besteht aber keine Nötigung anzunehmen, daß diese Gedankenarbeit während des Schlafs vollzogen wurde, was unsere bisher festgehaltene Vorstellung vom psychischen Schlafzustand arg beirren würde. Diese Gedanken können vielmehr sehr wohl vom Tage stammen, sich von ihrem Anstoß an, unserem Bewußtsein unbemerkt, fortgesetzt haben und fanden sich dann mit dem Einschlafen als fertig vor." (S. Freud, 1900, Ges. W. II–III, 598).

Wegen dieser engen Beziehung zum Wachleben des vorhergehenden Tages werden die latenten Traumgedanken auch „Tagesreste" genannt. Freud war der festen Überzeugung, daß „alles, was sich als scheinbare Betätigung der Urteilsfunktion in den Träumen vorfindet, nicht etwa als Denkleistung der Traumarbeit aufzufassen ist, sondern dem Material der Traumgedanken angehört und von dorther als fertiges Gebilde in den manifesten Trauminhalt gelangt ist" (S. Freud, 1901, Ges. W. II–III, 680). In diesen Tagesresten ist also das aktuelle Interesse des Träumenden repräsentiert.

Dynamisch unbewußte Wünsche

Definition: Dabei handelt es sich um einen oder mehrere Es-Inhalte, die in ihrer ursprünglichen, meist infantilen Form vom Ich zurückgewiesen (verdrängt), dadurch von ihrer Befriedigung ausgeschlossen wurden und damit weiter im Es wirksam blieben.

„Wir sehen so, daß die Tagesreste, …, nicht nur vom Ubw [im Sinne der Strukturtheorie würde es hier heißen müssen: vom Es] etwas entlehnen, wenn sie an der Traumbildung Anteil gewinnen, nämlich die Triebkraft, über die der verdrängte Wunsch verfügt, sondern daß sie auch dem Unbewußten etwas Unentbehrliches bieten, die notwendige Anheftung zur Übertragung". (S. Freud, 1900, Ges. W. II–III, 569). „Nach dieser Auffassung ließe sich der Traum auch beschreiben als der durch Übertragung auf Rezentes veränderte Ersatz der infantilen Szene. Die Infantilszene kann ihre Erneuerung nicht durchsetzen; sie muß sich mit der Wiederkehr als Taum begnügen." (S. Freud, 1900, Ges. W. II–III, 552)

„Er (der Wunsch) kann

1. bei Tage erregt worden sein und infolge äußerer Verhältnisse keine Befriedigung gefunden haben; es erübrigt uns dann für die Nacht ein anerkannter und unerledigter Wunsch.
2. Er kann bei Tage aufgetaucht sein, aber Verwerfung gefunden haben, es erübrigt uns dann einen unerledigten, aber unterdrückten Wunsch.
3. Er kann außer Beziehung mit dem Tagesleben sein und zu jenen Wünschen gehören, die erst nachts aus dem Unterdrückten in uns rege werden." (S. Freud, 1900, Ges. W. II–III, 556).

Aus der Annahme eines unbewußten Wunsches als dem wesentlichen Traumerreger formulierte Freud seine bekanntesten Sätze über den Traum:

„Der Traum ist die (verkleidete) Erfüllung eines (unterdrückten, verdrängten) Wunsches." (S. Freud, 1900, Ges. W. II–III, 166)

„Die Traumdeutung aber ist die Via Regia zur Kenntnis des Umbewußten im Seelenleben." (S. Freud, 1900, Ges. W. II–III, 613)

„Der Traum ist der Wächter des Schlafes, nicht sein Störer." (S. Freud, 1900, Ges. W. II–III, 239)

„Der Traum ist also die Art, wie die Seele auf die im Schlafzustand einwirkenden Reize reagiert." (S. Freud, 1916–1917, Ges. W. XI, 86)

Regressive Veränderungen der Ich-Funktionen

Die psychoanalytische Traumtheorie geht davon aus, daß sich während des Schlafes verschiedene Weckreize ergeben, die verarbeitet in der Form eines Traumes das Weiterschlafen ermöglichen.

Der Schlafzustand selbst ist charakterisiert durch das Ruhen vieler seelischer Funktionen, während die aktiv werdenden Funktionen von Ich und Über-Ich regressiv verändert sind und auf niedrigeren, früheren Funktionsniveaus arbeiten.

Einige der Ichfunktionen sind darauf ausgerichtet, den Es-Impulsen zu einer Befriedigung zu verhelfen, die – da sich der Träumende im Schlafzustand befindet – sich vorwiegend, aber nicht ausschließlich (z. B. Orgasmus während des Traums, aber auch Muskelbewegungen, Kauen, Saugen, Schlucken etc.) auf die Bildung einer (wunscherfüllenden) Phantasievorstellung beschränkt bleibt. Andere Ich-Funktionen wiederum gehorchen den Forderungen des Über-Ichs und richten sich gegen diese Impulse (z. B. Abwehrmechanismen) und leisten gegen eine mögliche Befriedigung

Widerstand. Das Ergebnis stellt wie alle psychischen Bildungen, die bewußt werden können, eine Kompromißbildung dar, die den Einflußgrößen der drei psychischen Instanzen (Es, Ich, Über-Ich) entspricht. Diese Kompromißbildung ist während einer Nacht, oft auch während eines einzelnen Traumes, keine konstante Größe, sondern kann sich verändern, je nach dem Kräfteverhältnis von Es, Ich und Über-Ich. Dasselbe gilt auch für die regressiven Veränderungen, die den Schlafzustand auszeichnen: Während des Schlafs und während des Träumens können verschiedene Regressionstiefen erreicht und wieder aufgegeben werden. Ein wichtiges Beispiel für Veränderungen der Ich-Funktion der Realitätsprüfung im Verlaufe eines Traumes stellt der Gedanke des Träumers dar, „Es ist ohnehin nur ein Traum!", der ihn offensichtlich beruhigen und der Abwehr von Angst dienen soll, der aber gleichzeitig das Funktionieren einer Urteilsfunktion ausweist, die normalerweise während des Träumens aufgehoben bleibt.

Ist es doch ein wesentliches Charakteristikum des Traumerlebnisses, daß der Traum für ebenso wirklich gehalten wird wie unsere äußeren Wahrnehmungen. Würden wir während des Wachlebens unsere inneren Erfahrungen in derselben Intensität und mit demselben Wirklichkeitsaspekt wahrnehmen, würden wir von „Halluzinationen" sprechen. Folglich hat Freud auch von einer **„halluzinatorischen Wunscherfüllung"** gesprochen. Der Träumende ist normalerweise nicht in der Lage, in der für ihn im Wachzustand üblichen Form die Realität zu prüfen, d. h. äußere Wahrnehmungen von inneren Phantasien zu unterscheiden. Dies wird durch den allgemeinen Rückzug des Interesses von der Außenwelt, der für das promblemlose (Ein-)Schlafen Voraussetzung ist, begünstigt, jedoch erst die Annahme einer Regression der Ich-Funktion der Realitätsprüfung auf ein kindliches Niveau lassen verstehen, daß das Ergebnis der Traumarbeit, die visuellen Vorstellungen eines Traumes, vom Träumenden für ebenso real gehalten werden, wie vom Kind seine Phantasievorstellungen. Daß der Traum visuelle Bilder bevorzugt, läßt sich ebenfalls auf regressive Vorgänge im Bereich des Denkens und Sprechens zurückführen. Indem der Träumende etwas sieht, bedient er sich kindlicher, „primitiver" Formen des Denkens. Die Tendenz, mit Worten zu spielen, mit ihnen umzugehen als wären sie Dingen gleichzustellen, Wortspiele einzuflechten, geht auf denselben Mechanismus zurück.

Bei genauerer Untersuchung stellt sich überhaupt heraus, daß die Denkvorgänge, die die Traumarbeit auszeichnen, dem primärprozeßhaften Denken entsprechen: Verdichtung, Verschiebung, Vorstellung durch Anspielung, Vorstellung durch das Gegenteil und der Gebrauch von Symbolen charakterisieren diese Art des Denkens. Außerdem sind die üblichen Anforderungen an Logik und syntaktische Regeln äußerst mangelhaft ausgeprägt oder fehlen ganz. Vorstellungen von Zeit, Raum und Tod entsprechen nicht den realistischen Einstellungen Erwachsener, sondern sind ebenso der kindlichen Vorstellungswelt entlehnt. Anforderungen an die Folgerichtigkeit und Einheitlichkeit, die als integrative Ich-Funktionen zusammengefaßt werden, entsprechen bei weitem nicht den im Erwachsenenleben üblichen Maßstäben: oft besteht ein Traum aus verschiedenen, aufeinander kaum bezogenen Bildern, aus denen der Träumende erst im Erwachen eine einigermaßen zusammenhängende „Geschichte" zu machen versucht. Freud hat diese integrativen Funktionen mit einem eigenen Terminus bei der Taumbildung zu berücksichtigen versucht: **sekundäre Bearbeitung.**

Definition: Darunter ist die (sekundäre) Umarbeitung des Traumes zu verstehen, um ihn in Form eines relativ kohärenten und verständlichen Szenarios darzubieten.

Zu den wichtigsten Veränderungen der Ich-Funktionen, die sich zumindest teilweise aus regressiven Veränderungen ergeben, zählen die Verminderungen der Ichabwehrleistungen. Freud sah diese Verminderung vorwiegend durch die (realistische) Einschätzung des Träumenden bestimmt, daß er sich in einem Zustand eingeschränkter Motilität (durch diese motorische Immobilität sind die Triebansprüche weniger gefährlich) befindet. Da es zu keinen Handlungen kommen kann, die den moralischen Standards nicht entsprechen könnten, werden die diesen Standards zuwiderlaufenden Triebimpulse weniger gefährlich empfunden. Andererseits aber erinnert die verminderte Abwehrleistung des Träumenden an die eingeschränkten Möglichkeiten des Kindes, sich seiner unerwünschten Triebansprüche zu erwehren, sodaß auch hier die Regression als ein bestimmender Faktor angesehen werden muß.

Regressive Veränderungen der Über-Ich-Funktionen

Triebbefriedigungen, die im Wachleben Schuldgefühle oder Gewissensbisse hervorrufen würden, führen im Traumleben eher zu Angstgefühlen, die mit Vorstellungen von Furcht vor Bestrafung denn mit den komplizierteren Vorstellungen von Schuld in Verbidung zu bringen sind. Außerdem sind diese Bestrafungsvorstellungen wesentlich stärker – üblicherweise fast ausschließlich; eben wie bei Kindern – an der Lex talionis (Gleiches sollte mit Gleichem vergolten werden) orientiert. Der Träumende neigt mehr als im normalen Erwachsenenleben üblich dazu, seine Schuld anderen zuzuschreiben und sich selbst in die Rolle des Richters zu versetzen. Wenn er Strafe auf sich zu nehmen bereit ist, so meistens deshalb, weil damit vermehrte Triebbefriedigung verknüpft ist (masochistische Triebbefriedigung). Auch die Tatsache, daß in Träumen Triebansprüche direkter zum Ausdruck gebracht werden – die vorhin bereits mit einem Abfall der Abwehrleistungen des Ichs (und damit mit kindlichen Möglichkeiten der Abwehr verglichen werden konnten) begründet wurde –, läßt sich ebenso auf die verminderte Funktion und den geringeren Stellenwert von Über-Ich-Funktionen zurückführen.

Zusammenfassung

Die psychoanalytische Traumtheorie versucht zu erklären, wie der Schlafende, der sich von der realen Welt weitgehend zurückgezogen hat (eine wesentliche Vorbedingung des Einschlafens), mit inneren und (weniger bedeutsam für die Traumbildung) äußeren Reizen, die ihn aufzuwecken drohen, in Form von Traumbildungen umzugehen versucht. Durch den Rückzug der Besetzungen von der Außenwelt treten Wünsche und Bedürfnisse des Schläfers automatisch in den Vordergrund. Wie im Wachleben auch sind diese triebbezogenen Phantasien, Gedanken, Vorstellungen etc. in ihren Kernen infantil, d. h. die dynamisch wesentlichsten Inhalte stammen von verdrängten oder andersartig aus dem Bewußtsein verbannten kindlichen Wünschen. Diese auch im Wachen aktiven Wünsche erhalten im Traum dadurch direkteren Ausdruck (wie sie es im Wachen nur in Form von Symptombildungen, Fehlleistungen etc. erreichen können), daß mit dem Schlafzustand eine wesentliche Regression der Ich- und Über-Ich-Funktionen eintritt. Die Traumarbeit, die die während des Schlafs latenten psychischen Inhalte in den manifesten Trauminhalt verwandelt, besteht dementsprechend aus einem Zusammenspiel von Ich- und Über-Ich-Funktionen, die – verglichen mit dem Wachzustand – wesentlich weniger differenziert, d. h. primitiver und kindlicher sind. Ausdruck dieser Regression von Ich- und Über-Ich-Funktionen ist das Vorherrschen von primärprozeßhaftem Denken, das die Traumarbeit vorwiegend bestimmt. Allerdings ist diese Regression der Ich- und Über-Ich-Funktionen sowohl bezüglich ihrer Tiefe wie auch ihres Ausmaßes unterschiedlich und wechselt unter Umständen sogar noch während eines einzelnen Traumes, wie die wiedereinsetzende Realitätsprüfung zum Zwecke der Angstabwehr bei der Feststellung, es sei ohnehin nur ein Traum, zu beweisen scheint. Die Regression gerade dieser Ich-Funktion der Realitätsprüfung auf ein Niveau der Kindheit, auf dem zwischen innerer und äußerer Wirklichkeit noch nicht so genau unterschieden werden kann, wie es für den gesunden Erwachsenen als selbstverständlich angesehen werden muß, ist hauptsächlich dafür verantwortlich, daß der Schläfer seine Vorstellungen und Phantasien für „wirklich" hält, ebenso wirklich wie seine Erlebnisse im Wachzustand.

Addendum zu Freuds Deutung des Irma-Traumes

Freuds eigene Deutung seines Traumes von Irmas Injektion stellt ein besonders schönes Beispiel für die Erarbeitung des Einflusses der Tagesreste, deren Verwendung bei der Traumbildung und deren Umarbeitung im Sinne des Primärprozesses dar. An Freuds Assoziationen kann man sehr gut verfolgen, wie sich die einzelnen Gedankengänge ins Unbewußte hin verzweigen und sich der (vorbewußte) Sinn zu verdunkeln beginnt. Die „Wunscherfüllung" ist auch tatsächlich die Erfüllung eines vorbewußten Wunsches. Bewußte Wünsche aber werden nur dann zum Traumerreger und finden nur dann Eingang in den Traum, wenn es ihnen gelingt, gleichlautende unbewußte Wünsche zu wecken, durch die sie sich verstärken können. Was wäre denn der unbewußte, der infantile Wunsch in diesem Traum? Wir sind – anders als in Psychoanalysen, in denen wir den Verlauf der Analyse und das darin gesammelte Material und die Beurteilung des Analysanden zur Verfügung haben – wir sind hier wesentlich auf die „Einfälle" Freuds, denen er mit seinen Werken (wissenschaftliche Veröffentlichungen ebenso wie Briefe etc.) Ausdruck verlieh, wie auf seine Biographie angewiesen, die nur Hypothesen und Spekulationen zulassen. Wie es auch in der Traumdeutung während einer Analyse nicht nur eine und nur eine einzige richtige Deutung gibt, sondern mehrere und mehrere stimmige, so gibt es für die Frage nach dem verwirklichten infantilen Wunsch im Traum von Irmas Injektion unterschiedliche und unterschiedlich plausible Antworten. Ein Beispiel mag der Anschaulichkeit halber genügen: Didier Anzieu glaubt, daß sich in diesem Traum Freuds, der ja die Geburtsstunde der Psychoanalyse bedeutete in einer Situation, in der sich Freud klar darüber war, daß er von seinen Lehrern (Brücke, Meynert, Breuer) nichts mehr zu erwarten hatte, daß er sich von nun an selbst erforschen müßte, um auf dem Gebiet des Unbewußten weitere Fortschritte zu erzielen, daß also dieser Traum ein „Geburtstagstraum" ist: der „Empfang" der Gäste begeht den vierzigsten Jahrestag der Empfängnis von Sigmund Freud (Freud wurde am 6. Mai 1856 geboren, seine Eltern heirateten am 29. Juli 1855, Freud muß also kurz danach gezeugt worden sein; der Traum von Irmas Injektion fiel auf die Nacht vom 23. / 24. Juli 1895), in einem Augenblick, da Freud gerade im Begriff ist, selbst die Psychoanalyse zu „empfangen". Die Untersuchungen von Hals und Nase sind leicht als metaphorische Darstellungen einer gynäkologischen Untersuchung zu durchschauen (das Doktorspielen der kleinen Kinder). Die weißliche Spur versteht Anzieu als Spur des väterlichen Spermas. Die chemische Formel (Trimethylamin fettgedruckt: N3CH3) soll eine Anspielung auf Freuds Herkunftsfamilien enthalten, sodaß als der infantile Wunsch des Traums der kindliche Wunsch wissen zu wollen, woher die Kinder kommen, erkannt werden kann. Freud sieht sich selbst als den Helden, der in das „Geheimnis" eingedrungen ist, ohne daß etwas Schlimmes vorgefallen wäre, abgesehen von einem gewissen schlechten Gewissen, das er zu beschwichtigen sucht.

6. Vorlesung

Psychoanalytische Traumdeutung

Lehrziel:
Differenzierung von „Traumdeutung" und psychotherapeutischer Verwendung von Träumen; psychoanalytisches Verständnis von Symbolen und typischen Träumen

Weiterführende Literatur:
Sigmund FREUD:
- – Bemerkungen zur Theorie und Praxis der Traumdeutung, 1916–1917;
- – Vorlesungen zur Einführung in die Psychoanalyse, 1916–1917;
- – Neue Folge der Vorlesungen zur Einführung in die Psychoanalyse, 1933;
  in: Gesammelte Werke, S. Fischer;

E. Freeman SHARPE: Traumanalyse; Klett-Cotta;
H. HARTMANN: Ich-Psychologie; Klett-Cotta.

Stichworte:
Traumdeutung; Traumsymbole; Typische Träume; Affekte im Traum; Angstträume; Bestrafungsträume; ein Traum Bismarcks.

Methoden der Traumdeutung

Es ist entscheidend, ob der Traum tatsächlich „gedeutet" oder ob er einer anderen, meist suggestiven therapeutischen Zielvorstellung unterworfen werden soll. Letzteres kommt für viele psychotherapeutische Anwendungen psychoanalytischer Kenntnisse in Betracht, z. B. bei stützenden psychotherapeutischen Techniken, in deren Verlauf nicht selten von den Patienten Träume deshalb gebracht werden, weil sie sie besonders erschreckt hatten etc. In diesen Fällen wird von einer Deutungsarbeit explizit Abstand zu nehmen sein und der manifeste Inhalt des Traumes, wenn überhaupt darauf eingegangen wird, für die Unterstreichung eines psychotherapeutischen Gesichtspunktes verwendet werden, der den Patienten eher beruhigt und ihm die Angst nehmen soll, die ihm der unbewußte (latente) Inhalt verursacht hatte.

Die Deutung von Träumen zerfällt in zwei Phasen, das Verstehen des latenten Inhalts durch den Analytiker und die Verwendung dieses gewonnenen Verständnisses in Form einer Mitteilung an den Anlysanden. Die Deutung des Traumes wird sich zu richten haben nach dem jeweiligen Stand der Analyse und der augenblicklichen analytischen

Situation, d. h. wird abhängig zu machen sein von Widerstand und Übertragung des Analysanden. Freud hatte davor gewarnt, aus übergroßem Respekt vor dem „geheimnisvollen Unbewußten" den Wert solcher Arbeit mit Träumen ebenso zu überschätzen wie sie vor den psychoanalytischen Erkenntnissen über den Traum unterschätzt wurde: „Man vergißt zu leicht daran, daß ein Traum zumeist nur ein Gedanke ist wie ein anderer, ermöglicht durch den Nachlaß der Zensur und die unbewußte Verstärkung und entstellt durch die Einwirkung der Zensur und die unbewußte Bearbeitung." (S. Freud, 1923, Ges. W. XIII, 304). Freud gibt dann in seinen „Bemerkungen zur Theorie und Praxis der Traumdeutung" (S. Freud, 1923, Ges. W. XIII, 301–302) eine genaue **Anleitung über die Möglichkeiten,** wie man mit Träumen im Rahmen von Psychoanalysen umgehen kann:

„Bei der Deutung eines Traumes in der Analyse hat man die Wahl zwischen verschiedenen technischen Verfahren. Man kann

a) chronologisch vorgehen und den Träumer seine Einfälle zu den Traumelementen in der Reihefolge vorbringen lassen, welche diese Elemente in der Erzählung des Traumes beinhalten. Dies ist das ursprüngliche, klassische Verhalten, welches ich noch immer für das beste halte, wenn man seine eigenen Träume analysiert.
Oder man kann

b) die Deutungsarbeit an einem einzelnen ausgezeichneten Element des Traumes ansetzen lassen, das man mitten aus dem Traum herausgreift, z. B. an dem auffälligsten Stück desselben oder an dem, welches die größte Deutlichkeit oder sinnliche Intensität besitzt, oder etwa an eine im Traum enthaltene Rede anknüpfen, von der man erwartet, daß sie zur Erinnerung an eine Rede aus dem Wachleben führen wird.
Man kann

c) überhaupt zunächst vom manifesten Inhalt absehen und dafür an den Träumer die Frage stellen, welche Ereignisse des letzten Tages sich in seiner Assoziation zum erzählten Traum gesellen.
Endlich kann man,

d) wenn der Träumer bereits mit der Technik der Deutung vertraut ist, auf jede Vorschrift verzichten und es ihm anheimstellen, mit welchen Einfällen zum Traum er beginnen will. Ich kann nicht behaupten, daß die eine oder die andere dieser Techniken die vorzüglichere ist und allgemein bessere Ergebnisse liefert."

Der **Analysand** wird angeleitet, in einer der beschriebenen Weisen seine Assoziationen zu sammeln und dem Analytiker zur Verfügung zu stellen, der mit gleichschwebender Aufmerksamkeit dem Material des Patienten zuzuhören bemüht ist.

Der **Analytiker** reagiert mit eigenen „Einfällen" (Gedanken, Vorstellungen, Gefühlen etc.), die zusammen mit den Einfällen des Patienten die Möglichkeit eröffnen können, den unbewußten Anteil des Traums zu verstehen. Dies gelingt oft nicht, oder eben nur teilweise, wobei der Widerstand des Patienten meistens ausschlaggebend dafür ist, wieviel von den unbewußten Anteilen sichtbar und damit für den Analytiker verständlich werden kann. Versagen diese Versuche, oder fällt dem Patienten zu seinem Traum nichts ein, ohne daß dies vorwiegend auf dessen Widerstand zurückzuführen wäre, kann sich der Analytiker auch seiner Kenntnisse der Symbolik bedienen. „Die Symbolik ist vielleicht das merkwürdigste Kapitel der Traumlehre. Vor allem: Indem die Symbole feststehende Übersetzungen sind, realisieren sie im gewissen Ausmaße das Ideal der antiken wie der populären Traumdeutung, von dem wir uns durch unsere Technik weit entfernt hatten. Sie gestatten uns unter Umständen, einen Traum zu deuten, ohne den Träumer zu befragen, der ja zum Symbol ohnedies nichts zu sagen weiß. Kennt man die gebräuchlichen Traumsymbole und dazu die Person des Träumers, die Verhältnisse, unter denen er lebt, und die Eindrücke, nach welchen der Traum vorgefallen ist, so ist man oft in der Lage, einen Traum ohne weiteres zu deuten, ihn gleichsam vom Blatt weg zu übersetzen. Ein solches Kunststück schmeichelt dem Traumdeuter und imponiert dem Träumer; es sticht wohltuend von der mühseligen Arbeit beim Ausfragen des Träumers ab. Lassen Sie sich aber hierdurch nicht verführen. Es ist nicht unsere Aufgabe, Kunststücke zu machen. Die auf Symbolkenntnis beruhende Deutung ist keine Technik, welche die assoziative ersetzen oder sich mit ihr messen kann. Sie ist eine Ergänzung zu ihr und liefert nur in sie eingefügt brauchbare Resultate." (S. Freud, 1916–1917, Ges. W. XI, 152).

Symbolik

Definition: Vorstellungsmodus, der sich durch die Konstanz des Zusammenhangs zwischen dem Symbol und dem unbewußt Symbolisierten auszeichnet, wobei sich eine solche Konstanz nicht nur beim gleichen Individuum und von einem Individuum zum anderen findet, sondern auf den verschiedensten Gebieten (Mythus, Religion, Folklore usw.) und bei sehr weit voneinander entfernten kulturellen Strömungen. Ein Symbol ist hiermit ein wichtiges Ausdrucksmittel für unbewußtes Material, verwandt mit anderen Formen indirekter bildlicher Darstellung wie etwa Gleichnis, Metapher, Anspielung etc. Mit dem Symbol gelingt es, unbewußte psychische Inhalte, denen sonst der Zugang zum Bewußtsein verwehrt ist, doch noch im Bewußtsein zu repräsentieren. Der Traum (die Traumarbeit) bedient sich lediglich der Symbolisierung, die im Denken bereits fertig enthalten ist und in vielen anderen Bereichen ebenfalls Verwendung findet (z. B.: Märchen, Mythen, Sagen, Folklore, Witze etc.). Symbole – in dieser sehr eingeschränkten Definition verstanden – beziehen sich daher vorwiegend auf die verschiedenen Familienmitglieder der Kindheit (Eltern, Geschwister), auf verschiedene Körperteile (vorwiegend Sexualorgane), auf Ausdrucksformen von Liebe und Sexualität und auf Vorstellungen von Geburt und Tod.
Beispiele:
Eltern können in Träumen dargestellt werden durch Personen von hohem Rang, als

Kaiser und Kaiserin, König und Königin, der **Vater** erscheint als General, Offizier oder Papst (il papa), die **Mutter** als hochstehende politische Persönlichkeit weiblichen Geschlechts, als Mutter Erde, Mutter Kirche oder als Alma Mater. Manchmal wird die Mutter durch eine Institution repräsentiert (Armee etc.), deren Aufgabe in der Versorgung (häufig orale Bedürfnisbefriedigung) der ihr Anvertrauten gesehen wird. Die **Schwangerschaft der Mutter** kann durch schwere Gegenstände symbolisiert werden. Andere Repräsentationen der Mutter, die nicht so durchsichtig sind, stellen der Mond (die Sonne steht wiederum eher für den Vater), die See (la mere und la mer?) und Holz dar. Räuber und Einbrecher repräsentieren ebenfalls den Vater, während Geister in ihren langen Nachtgewändern auch für die Mutter stehen können. Die negative Bewertung dieser Figuren spiegelt die Gefühlseinstellung des Träumenden den Eltern gegenüber wider (in einem ganz bestimmten Kontext!). Diese Gefühlseinstellung ist ebenfalls dafür verantwortlich, daß der gefürchtete Vater als Raubkatze, als bissiger Hund oder als wildes (bissiges) Pferd dargestellt wird. Mit den **Geschwistern** verfährt der Träumer oft ebenso erbarmungslos offen, wenn er für sie die Symbole von Ungeziefer oder Würmern verwendet, um deren Charakter als unwillkommene Eindringlinge zu unterstreichen. Weniger aggressiv sind die Darstellungsmittel Vögel oder andere kleine Tiere. Für den Bruder steht oft etwas Gleichwertiges wie Mönch, für die Schwester Nonne.

Der **menschliche Körper** wird oft durch das Symbol eines Hauses repräsentiert, wobei die Fenster, Türen etc. den Körperöffnungen entsprechen. Im allgemeinen Sprachgebrauch ist diese Symbolik in Verwendung, wenn wir davon sprechen, daß jemand eins aufs Dach bekommen hat oder daß er nicht ganz richtig im Oberstübchen ist. Die Häuser, die mit Balkonen versehen sind, an welchen man sich anhalten kann, sind Frauen, diejenigen mit glatten Fassaden, Männer.

Die **Geburt** wird im Traum regelmäßig durch eine Beziehung zum Wasser ausgedrückt; man stürzt ins Wasser oder kommt aus dem Wasser, d. h. man gebärt oder man wird geboren. Abwandlungen dieser Thematik finden wir in den Vorstellungen „vergiften = schwanger werden", „ertränken = gebären", „von einer Höhe herabstürzen = niederkommen" oder in den Rettungsträumen, besonders dann, wenn darin eine Frau jemanden aus dem Wasser rettet. Vorstellungen vom **Tod** werden in Träumen häufig durch Abreisen symbolisiert (in der Alltagssprache: die letzte Reise), nicht selten in Form von Reisen überhaupt, in ein Land, von dem kein Reisender wiederkehrt.

Neben diesen wenigen symbolischen Ausdrucksweisen nehmen die Symbole, die die **Geschlechtsorgane, das Sexualleben,** und den **Geschlechtsverkehr** im besonderen darstellen, einen viel größeren Raum in Anspruch, sodaß Freud zur Auffassung kam, die übergroße Mehrzahl der Symbole im Traum seien Sexualsymbole.

So wird das **männliche Geschlechtsorgan** im ganzen durch die Zahl 3 symbolisiert, das männliche Glied durch Dinge,

- die ihm in der Form ähnlich sind (lang und hochragend): Stöcke, Schirme, Stangen,

Bäume; spitze Waffen (Messer, Dolche, Lanzen), Schußwaffen;
- die dadurch charakterisiert sind, daß aus ihnen Wasser fließt: Gießkannen, Springbrunnen etc.
- die einer Verlängerung fähig sind: vorschiebbare Bleistifte, Kugelschreiber, Hängelampen etc.
- die sich gegen die Schwerkraft aufrichten können (und damit auf die Erektion anspielen): Luftballon, Zeppelin, Flugzeuge, Raketen etc.

Die Schlange als Symbol für das männliche Genitale dürfte eine ähnliche Ableitung ermöglichen; weniger verständlich ist, warum Fische und andere Reptilien dieselbe Funktion übernehmen können. Auch Hut und Mantel können das männliche Genitale repräsentieren.

Das **weibliche Genitale** wird symbolisch dargestellt durch
- alle jene Objekte, die seine Eigenschaft teilen, einen Hohlraum einzuschließen, der etwas in sich aufnehmen kann: Schachteln, Gruben, Dosen, Koffer, Taschen, Kisten; Schiff;
- alle jene Objekte, die mehr Beziehung auf den Mutterleib als auf das Genitale haben: Schränke, Öfen, Zimmer (Tür und Tor als Symbole der Genitalöffnung);
- als Stoffe, die für Frau stehen können, sind bekannt Holz, Papier, und in der Folge davon Tisch und Buch;
- Schnecke und Muschel sind als Vertretung des weichlichen Genitales leichter einzusehen, Kirche und Kapelle wurden schon erwähnt.

Die **weiblichen Brüste** werden häufig durch Früchte, Äpfel, Birnen, Pfirsiche etc. dargestellt, die Schambehaarung beider Geschlechter als Wald oder Gebüsch. Der Topographie des weiblichen Genitales entsprechend wird dieses auch durch Landschaften mit Fels, Wald und Wasser abgebildet, während für den männlichen Geschlechtsapparat oft schwer zu beschreibende komplizierte Maschinen als Symbole verwendet werden. Das Schmuckkästchen kann ebenfalls das weibliche Genitale repräsentieren, während Süßigkeiten für den Sexualgenuß ganz allgemein stehen. An Zahlensymbolen für das weibliche Genitale ist die 0 bekannt, die 8 soll sich auf Vagina und Rektum beziehen. Von den Tiersymbolen ist die Katze eines der üblichsten. Das Genitale überhaupt wird mit der symbolischen Bedeutung des kleinen Kindes, der kleinen Tochter, des kleinen Sohnes bezeichnet.

Die **Befriedigung am eigenen Genitale** wird durch jede Art von Spielen zum Ausdruck gebracht, spezifisch auf die Onanie beziehen sich Gleiten und Rutschen sowie das Abbrechen eines Astes. Rhythmische Tätigkeiten wie das Erklimmen einer Leiter, das Steigen über eine Stiege oder Treppe, sowie Tanzen und Reiten stehen für den Geschlechtsverkehr. Mit dem Überfahrenwerden wird dessen aggressive Bedeutung betont.

Heinz Hartmann und Stefan Betlheim versuchten, die psychoanalytischen Befunde über Symbolbildungen in einem experimentellen Setting zu replizieren (Betlheim, S. und Hartmann, H.: Über Fehlreaktionen bei der Korsakowschen Psychose; Arch. Psychiat. 72, 1924): Chronischen Alkoholkranken, bei denen der Alkoholgenuß bereits zu schweren organischen Veränderungen des Gehirns und dadurch zu ausgeprägten Störungen der Gedächtnisfunktionen (Herabsetzung der Merkfähigkeit für rezente Eindrücke) geführt hat, die die Kranken durch Konfabulationen (augenblickliche Erfindungen, die für das nicht erinnerte Gedächtnismaterial eingesetzt wird, als wäre es das Erinnerte) auszugleichen versuchen, diesen Alkoholkranken wurden verschieden kurze Geschichten vorgelesen, mit der Bitte, sie später zu reproduzieren. Die dabei auftretenden Entstellungen (Fehlleistungen) entsprachen ganz den von der Psychoanalyse vorausgesagten Möglichkeiten von Verschiebung, Verdichtung und besonders eben des Gebrauchs von Symbolen (Stiegensteigen, Stechen und Schießen als Symbole des Koitus, Messer und Zigarette als Penissymbole) anstelle von „anstößigen" Inhalten. Folgende Variationen einer kurzen Geschichte konnten aufgenommen werden:

a) Original: „Ein junger Mann überfiel ein Mädchen, hob ihre Röcke empor und steckte sein steifes Glied in ihre Scheide."

b) Erinnerte Reproduktionen dieser Geschichte durch die Korsakow-Kranken: – „Er hob ihre steifen Röcke empor!..." (Was weiter?) „Ich kann nicht ..." Plötzlich sehr ängstlich: „Herr Doktor könnten Sie denn nicht hinausschauen, meine Schwägerin ist verwundet worden!" (Wo?) „Im Kopf!" (Auf welche Art?) „Sie haben auf sie geschossen ... ein Soldat ist ihr nachgelaufen, er ist in den Eisenbahnzug gesprungen und hat mich wollen stechen." – „Ein junger Mann lief über die Stiege herunter, und das Mädchen fiel und brach sich das Knie." – „Zwei Mädchen sind über die Stiege hinauf, zwei Burschen sind dann hintennach hinauf, die haben dann die Mädchen geheiratet, weil die eine schwanger war, die andere ist nach Hause gegangen."... „Jetzt erzähl' ich's genau. Zwei Mädchen liefen über die Wiese, die eine war schwanger, dann sind sie über die Stiege hinauf, da hat der junge Doktor das eine Mädchen niedergeworfen, hob ihr die Röcke empor und hat sie untersucht."... „Zwei junge Männer und zwei junge Fräuleins liefen die Stiege hinauf. Als die zwei Männer hinaufliefen, blieben sie stehen und steckten ihr schiefes Knie in die Scheide."... (später nach den Geschichten gefragt) „Ja, das waren harmlose, von den zwei Mädels und den Buben ... Zwei Mädels sind über die Stiege herunter gehupft und die Buben." – „Ein junger Mann hat ein Verhältnis mit einem jungen Mädchen und steckte also das Glied Nr. 4."... „Der junge Mann hat mir vier Zigaretten gegeben, und ich werde die vier Zigaretten nehmen, versteckt ist es ja gleich."

Neben den Symbolen als relativ feststehende Übersetzungen unbewußter psychischer Inhalte unter Umgehung der Zensur konnte Freud auch bestimmte Träume als typisch für bestimmte unbewußte Inhalte beschreiben, die darin regelmäßig zum Ausdruck kommen. Er unterschied **typische Träume, die jedesmal den gleichen Sinn haben,** von solchen, die trotz des gleichen oder ähnlichen Inhalts doch die verschiedenartigsten Deutungen erfahren müssen. Bei den typischen Träumen mit immer gleicher Bedeutung versagen in der Regel die Einfälle des Träumers oder sie werden unklar und unzureichend, sodaß die Aufgabe einer Deutung des manifesten Inhalts mit ihrer Hilfe nicht gelöst werden kann. Erst das Einsetzen der Bedeutung, wie sie von Freud für diese „typischen" Träume erarbeitet wurde, ergibt – ähnlich den Symbolen – erst einen Sinn.

In diese Gruppe der Träume reihte Freud die folgenden ein:

a) Der Verlegenheitstraum der Nacktheit

b) Die Träume vom Tod teurer Personen

c) Der Prüfungstraum

d) Träume vom Nichterreichen eines Eisenbahnzugs

Von den **typischen Träumen mit gleichem oder ähnlichem Inhalt, aber verschiedensten Bedeutungen** erwähnte Freud:

a) Zahnreizträume

b) Fliege- (Schwebe-)Träume

c) Träume vom Fallen

d) Rettungsträume

Der Verlegenheitstraum der Nacktheit

Nur diejenigen Träume sind „typisch", in denen der Träumer nackt oder schlecht bekleidet sich in der Gegenwart Fremder befindet und darüber Scham und Verlegenheit empfindet, entfliehen oder sich verbergen will, aus einer eigentümlichen Hemmung heraus aber nicht von der Stelle kann. In der Regel ist der Defekt in der Kleidung nicht so arg, daß die dazugehörige Scham gerechtfertigt schiene. Die Leute, vor denen man sich schämt, sind fast immer Fremde mit unbestimmt gelassenen Gesichtern. Sie machen gleichgültige Gesichter oder gar feierlich steife Mienen.

Freuds Deutung: „Die Nacktheitsträume sind … Exhibitionsträume. Den Kern des Exhibitionstraums bildet die eigene Gestalt, die nicht als die eines Kindes, sondern wie in der Gegenwart gesehen wird, und die mangelhafte Bekleidung, welche durch die Überlagerung vieler späterer Negligéerinnerungen oder der Zensur zu Liebe undeutlich ausfällt; dazu kommen nun die Personen, vor denen man sich schämt … Was der Traum für sie einsetzt … „viele fremde Leute", die sich nicht um das gebotene Schauspiel kümmern, ist geradezu der Wunschgegensatz zu jener einzelnen, wohlvertrauten Person, der man die Entblößung (in der Kindheit) bot … Die Empfindung des Gehemmtseins dient im Traum vortrefflich dazu, den Willenskonflikt, das Nein, darzustellen. Nach der unbewußten Absicht soll die Exhibition fortgesetzt, nach der Forderung der Zensur unterbrochen werden." (S. Freud, 1900, Ges. W. II–III, 251).

Träume vom Tod teurer Personen

Als „typisch" sind lediglich die Träume anzusehen, in denen der Tod einer geliebten verwandten Person vorgestellt und dabei ein schmerzlicher Affekt verspürt wird. **Freuds Deutung:** „Diese bedeuten, was ihr Inhalt besagt, den Wunsch, daß die betreffende Person sterben möge ... "

Freud unterstreicht gleich, daß es sich dabei nicht um einen Wunsch aus der Gegenwart handelt, der sich also aus der Beziehung zu dieser Person in der aktuellen Situation herleiten läßt, sondern einem verdrängten Wunsch aus der kindlichen Vergangenheit entspricht. Freud geht bei der Aufklärung dieser Träume noch um einen Schritt weiter, wenn er unterstreicht, daß für ein kleines Kind die Bedeutung von „Tod" eine andere sei als für den Erwachsenen; tot sein heißt für das Kind oft nichts anderes als „fort sein". Was sich hinter diesem Wunsch zumeist verbirgt, ist die Rivalität mit einem Geschwister, letztendlich aber die Rivalität mit dem Elternteil, mit dem das kleine Kind um den anderen Elternteil selbst in einer leidenschaftlichen Konkurrenz steht.

Prüfungsträume

Angsttraum, in dem der Träumer sich in einer Prüfungssituation befindet, auf die er sich nicht vorbereitet hat, oder in dem er erfährt, daß er durchgefallen ist, die Klasse, die Matura, die Promotion etc. wiederholen müsse. Entscheidend dabei sei, daß diese Träume nur bei Personen vorkommen, die diese Prüfungen bereits bestanden haben, niemals bei solchen, die gescheitert sind.

Freuds Deutung: Der Prüfungstraum enthält in seinem latenten Inhalt sowohl einen Vorwurf wie auch eine Beruhigung. Die Tröstung kommt dadurch zustande, daß der ängstliche Prüfungstraum immer dann geträumt wird, wenn am nächsten Tag eine verantwortliche Leistung und die Möglichkeit einer Blamage zu erwarten ist. Der Traum sucht aus der Vergangenheit eine Gelegenheit heraus, bei welcher sich die große Angst als unberechtigt erwiesen hatte und durch den Ausgang widerlegt worden war. „Es wäre ein sehr auffälliges Beispiel von Mißverständnis des Trauminhalts durch die wache Instanz. Die als Empörung gegen den Traum aufgefaßte Einrede: Aber ich bin ja schon Doktor u. dgl. wäre in Wirklichkeit der Trost, den der Traum spendet, und der also lauten würde: Fürchte dich doch nicht vor morgen; denke daran, welche Angst du vor der Maturitätsprüfung gehabt hast, und es ist dir doch nichts geschehen. Heute bist du ja schon Doktor usw. Die Angst aber, die wir dem Traume anrechnen, stammte aus den Tagesresten." (S. Freud, 1900, Ges. W. II–III, 281). Du bist schon Doktor u. dgl. deutet aber auch einen Vorwurf an: „Du bist schon so alt, schon so weit im Leben, und machst noch immer solche Dummheiten, Kindereien ... Es ist dann nicht weiter auffällig, wenn die Vorwürfe wegen der „Dummheiten" und „Kindereien" sich in den zuletzt analysierten Beispielen auf die Wiederholung beanstandeter sexueller Akte bezogen." (S. Freud, 1900, Ges. W. II–III, 282).

Träume vom Nichterreichen eines Eisenbahnzuges

„Wegen des ähnlichen Affekteindruckes verdienen die Träume vom Nichterreichen eines Eisenbahnzuges den Prüfungsträumen angereiht zu werden. Ihre Aufklärung rechtfertigt dann diese Annäherung. Es sind Trostträume gegen eine im Schlaf empfundene Angstregung, die Angst zu sterben. „Abreisen" ist eines der häufigsten und am besten zu begründenden Todessymbole. Der Traum sagt dann tröstend: Sei ruhig, du wirst nicht sterben (abreisen), wie der Prüfungstraum beschwichtigte: Fürchte nichts; es wird dir auch diesmal nichts geschehen. Die Schwierigkeit im Verständnis beider Arten von Träumen rührt daher, daß die Angstempfindung gerade an den Ausdruck des Trostes geknüpft ist." (S. Freud, 1900, Ges. W. II–III,390).

Affekte im Traum

Während Freud für die Umwandlung und Veränderung der Inhalte der latenten Traumgedanken durch die Verwendung von Verschiebung und Verdichtung eine Vielzahl von Möglichkeiten beschreiben konnte (z. B.: Sammelpersonen, Mischpersonen, Wortverdichtungen, Wortneubildungen, Umkehrung, Umwertung aller psychischen Werte, etc.), fand er für den Ausdruck der den latenten Traumgedanken anhaftenden Affekte eine relative Einförmigkeit, mit der sie im manifesten Traum erscheinen:

● die Affekte bleiben unverrückt, während die dazugehörigen Vorstellungsinhalte Verschiebungen und Ersetzungen erfahren haben, sodaß im manifesten Traum intensive Affektäußerungen bei einem Inhalt auftreten, der zur Entbindung dieses Affekts keinen Anlaß zu geben scheint;

● zweitens kann durch die Traumarbeit eine Unterdrückung der Affekte zustande gebracht werden, sodaß ein aus Träumen wohlbekanntes, immer wieder beim Träumer Verwunderung hevorrufendes Phänomen entsteht, nämlich daß eine Passage im Traum, die im Wachen sehr wohl zu den heftigsten Gefühlsregungen Anlaß böte, von nur geringen oder gar keinen Affekten begleitet wird;

● und drittens können Affekte durch die Traumarbeit noch in ihr Gegenteil verkehrt werden.

Im manifesten Traum finden sich im Dienste der Verstellung diejenigen Affekte, die für gewöhnlich bereits im Material der Traumgedanken bereit liegen und von der Traumarbeit nur noch verstärkt werden müssen, um im manifesten Traum als Gegenaffekt des zu unterdrückenden Affekts zu erscheinen. „Wie jede andere Verschiebung dient sie den Zwecken der Zensur, ist aber auch häufig das Werk der Wunscherfüllung, denn die Wunscherfüllung besteht ja in nichts anderem als in der Ersetzung eines unliebsamen Dings durch sein Gegenteil." (S. Freud, 1900, Ges. W. II–III, 474).

Angst im Traum, Angstträume

Das Auftreten von Angst in Träumen stellte die Hypothese von der Wunscherfüllung vor ein theoretisches Problem, das erst mit der Einführung der Strukturtheorie eine einigermaßen befriedigende Lösung erfuhr: Angst wurde nun nicht mehr als Umwandlungsprodukt unbewußter libidinöser Strebungen angesehen, sondern als Reakton des Ichs auf verpönte Wünsche des Es. Sobald das Ich auf eine Triebregung mit Angst reagiert, tritt das Lustprinzip in Aktion. Durch das Auftreten von Angst (der Vorwegnahme drohender starker Unlust in Form eines Angstsignals) sieht sich das Ich gezwungen, der triebhaften Wunschregung, die diese Unlust auslöste, Widerstand zu leisten. Die eingesetzten Abwehrstrategien (Abwehrmechanismen) sind daraufhin ausgerichtet, die entstandene Angst zu verringern oder aufzuheben. In den Angstträumen wie in mit deutlicher Angst einhergehenden Symptombildungen mißlingen diese Versuche. Es kommt zum Manifestwerden von Angstaffekten, die unter Umständen so heftig werden können, daß der Träumer erwacht. Das Erwachen wäre in diesem Sinne die letzte Zuflucht, die dem Träumenden zur Verfügung steht, um einen psychischen Vorgang, der Angst (Unlust) auslöst, zu unterbinden. Wie bei den Symptomen können wir formulieren, daß wir Angst haben, nicht weil wir das und das geträumt haben, wie uns die Träumenden oft glauben machen möchten, sondern weil das Geträumte (die Entstellung des Traums durch die Traumarbeit) nicht ausreichte, um das Entstehen von Angstaffekten zu verhindern. Ebenso empfindet der Phobiker nicht Angst, weil er sich vor einer bestimmten Situation fürchtet, sondern weil es ihm nicht gelungen ist, mit dieser Symptombildung einer Phobie eine Angstentwicklung erfolgreich zu verhindern.

Strafträume

Träume, in deren manifesten Inhalt der Träumende sich Bestrafungen oder Nachteile aller Art aussetzt, scheinen ebenfalls wie die Angstträume Ausnahmen von der Theorie der Wunscherfüllung darzustellen. Sie sind den Angstträumen auch in der Entwicklung unlustvoller Affekte eng verwandt. Die Lösung dieses Problems ist der der Angstträume ähnlich, da der latente Inhalt, soweit er durch Deutungsarbeit aufgehellt werden kann, sich ebenfalls als ein aus dem Verdrängten stammender Wunsch herausstellt. Tritt der Fall ein, daß dieser Wunsch im Traum einen zu direkten Ausdruck finden würde, nimmt das Ich den Einspruch des Über-Ichs vorweg und tritt dem Auftauchen dieses Inhalts entgegen. In dieser Beziehung unterscheiden sich die Vorgänge nicht von denjenigen, die wir bis jetzt als für die Traumentstehung typisch angesehen haben. Nur das Resultat, der manifeste Inhalt ist bei den Strafträumen anders: Anstelle einer direkten Wunscherfüllung steht eine mehr oder weniger entstellte Phantasie der Bestrafung für diesen Wunsch. Freud hat in Verkürzung dieses Sachverhalts von einer Wunscherfüllung des Über-Ichs gesprochen.

Die Deutung eines Traumes von Bismarck
durch den Psychoanalytiker Dr. Hans Sachs
(S. Freud, 1900, Ges. W. II–III, 383–387)

„In seinen ‚Gedanken und Erinnerungen' teilt Bismarck einen Brief mit, den er am 18. Dezember 1881 an Kaiser Wilhelm schrieb. Dieser Brief enthält folgende Stelle: *‚Eurer Majestät Mitteilung ermutigt mich zur Erzählung eines Traumes, den ich Frühjahr 1863 in den schwersten Konfliktstagen hatte, aus denen ein menschliches Auge keinen gangbaren Ausweg sah. Mir träumte, und ich erzählte es sofort am Morgen meiner Frau und anderen Zeugen, daß ich auf einem schmalen Alpenpfad ritt, rechts Abgrund, links Felsen; der Pfad wurde schmäler, so daß das Pferd sich weigerte, und Umkehr und Absitzen wegen Mangel an Platz unmöglich; da schlug ich mit meiner Gerte in der linken Hand gegen die glatte Felswand und rief Gott an; die Gerte wurde unendlich lang, die Felswand stürzte wie eine Kulisse ein und eröffnete einen breiten Weg mit dem Blick auf Hügel und Waldland wie in Böhmen, preußische Truppen mit Fahnen und in mir noch im Traum der Gedanke, wie ich das schleunig Eurer Majestät melden könnte. Dieser Traum erfüllte sich, und ich erwachte froh und gestärkt aus ihm.'*

Die Handlung des Traumes zerfällt in zwei Abschnitte: im ersten Teil gerät der Träumer in Bedrängnis, aus der er dann im zweiten auf wunderbare Weise erlöst wird. Die schwierige Lage, in der sich Roß und Reiter befinden, ist eine leicht kenntliche Traumdarstellung der kritischen Situation des Staatsmannes, die er am Abend vor dem Traume, über die Probleme der Politik nachdenkend, besonders bitter empfunden haben mochte. Mit der zur Darstellung gelangten gleichnisweisen Wendung schildert Bismarck selbst in der oben wiedergegebenen Briefstelle die Trostlosigkeit seiner damaligen Position; sie war ihm also durchaus geläufig und naheliegend. Nebstdem haben wir wohl auch ein schönes Beispiel von Silberers ‚funktionalem Phänomen' vor uns. Die Vorgänge im Geiste des Träumers, der bei jeder von seinen Gedanken versuchten Lösung auf unübersteigliche Hindernisse stößt, seinen Geist aber trotzdem nicht von der Beschäftigung mit den Problemen losreißen kann und darf, sind sehr treffend durch den Reiter gegeben, der weder vorwärts noch rückwärts kann. Der Stolz, der ihm verbietet, an ein Nachgeben oder Zurücktreten zu denken, kommt im Traume durch die Worte ‚Umkehren oder absitzen … unmöglich' zum Ausdruck. In seiner Eigenschaft als stets angestrengt Tätiger, der sich für fremdes Wohl plagt, lag es für Bismarck nahe, sich mit einem Pferde zu vergleichen, und er hat dies auch bei verschiedenen Gelegenheiten getan, z. B. in seinem bekannten Ausspruch: ‚Ein wackeres Pferd stirbt in seinen Sielen'. So ausgelegt bedeuten die Worte, daß ‚das Pferd sich weigerte', nichts anderes, als daß der Übermüdete das Bedürfnis empfinde, sich von den Sorgen der Gegenwart abzuwenden, oder anders ausgedrückt, daß er im Begriffe stehe, sich von den Fesseln des Realitätsprinzips durch Schlaf und Traum zu befreien. Der Wunscherfüllung, die dann im zweiten Teil so stark zu Wort kommt, wird dann auch hier schon präludiert durch das Wort ‚Alpenpfad‘. Bismarck wußte damals wohl schon, daß er seinen nächsten Urlaub in den Alpen – nämlich in Gastein – zubringen werde; der Traum, der ihn dahin versetzte, befreite ihn also mit einem Schlage von allen lästigen Staatsgeschäften. Im zweiten Teil werden die Wünsche des Träumers auf doppelte Weise – unverhüllt und greifbar, daneben noch symbolisch – als erfüllt dargestellt. Symbolisch durch das Verschwinden des hemmenden Felsens, an dessen Stelle ein breiter Weg – also der gesuchte Ausweg in bequemster Form – erscheint, unverhüllt durch den Anblick der vorrückenden preußischen Truppen. Man braucht zur Erklärung dieser prophetischen Vision durchaus nicht mystische Zusammenhänge zu konstruieren; die Freudsche Wunscherfüllungstheorie genügt vollständig. Bismarck ersehnte schon damals als den besten Ausweg aus den inneren Konflikten Preußens einen siegreichen Krieg mit Österreich. Wenn er die preußischen Truppen in Böhmen, also in Feindesland, mit ihren Fahnen sieht, so stellt ihm der Traum dadurch diesen Wunsch als erfüllt dar, wie es Freud postuliert. Individuell bedeutsam ist nur, daß der Träumer, mit dem wir uns hier beschäftigen, sich mit der Traumerfüllung nicht begnügte, sondern auch die reale zu erzwingen wußte. Ein Zug, der jedem Kenner der psychoanalytischen Deutungstechnik auffallen muß, ist die Reitgerte, die ‚unendlich lang‘ wird. Gerte, Stock, Lanze und Ähnliches sind uns als phallische Symbole geläufig; wenn aber diese Gerte noch die auffallendste Eigenschaft des Phallus, die Ausdehnungsfähigkeit, besitzt, so kann kaum ein Zweifel bestehen. Die Übertreibung des Phänomens durch die Verlängerung ins ‚Unendliche‘ scheint auf die infantile Überbesetzung zu deuten. Das In-die-Hand-Nehmen der Gerte ist eine deutliche Anspielung auf die Masturbation, wobei natürlich nicht an die aktuellen Verhältnisse des Träumers, sondern an weit zurückliegende Kinderlust zu denken ist. Sehr wertvoll ist hier die von Dr. Stekel gefundene Deutung, nach der links im Traume das Unrecht, das Verbotene, die Sünde bedeutet, was auf die gegen ein Verbot betriebene Kinderonanie sehr gut anwendbar wäre. Zwischen dieser tiefsten, infantilen Schicht und der obersten, die sich mit den Tagesplänen des Staatsmannes beschäftigen, läßt sich noch eine Mittelschicht nachweisen, die mit beiden anderen in Beziehung steht. Der ganze Vorgang der wunderbaren Befreiung aus einer Not durch das Schlagen auf den Fels mit der Heranziehung Gottes als Helfer erinnert auffällig an eine biblische Szene, nämlich wie Moses für die dürstenden Kinder Israels aus dem Felsen Wasser schlägt. Die genaue Bekanntschaft mit dieser Stelle dürfen wir bei dem aus einem bibelgläubigen, protestantischen Hause hervorgegangen Bismarck ohne weiteres annehmen. Mit dem Anführer Moses, dem das Volk, das er befreien will, mit Auflehnung, Haß und Undank lohnt, konnte sich Bismarck in der Konfliktszeit unschwer vergleichen. Dadurch wäre also die Anlehnung an die aktuellen Wünsche gegeben. Anderseits enthält die Bibelstelle manche Einzelheiten, die für die Masturbationsphantasie sehr gut verwertbar sind. Gegen das Gebot Gottes greift Moses zum Stock, und für diese Übertretung straft ihn der Herr, indem er ihm verkündet, daß er sterben müsse, ohne das gelobte Land zu betreten. Das verbotene Ergreifen des – im Traume unzweideutig phallischen – Stockes, das Erzeugen von Flüssigkeit durch das Schlagen damit und die Todesdrohung – damit haben wir alle Hauptmomente der infantilen Masturbation beisammen. Interessant ist die Bearbeitung, die jene beiden heterogenen Bilder, von denen eines aus der Psyche des genialen Staatsmannes, das andere aus den Regungen der primitiven Kinderseele stammt, durch Vermittlung der Bibelstelle zusammengeschweißt hat, wobei es ihr gelungen ist, alle peinlichen Momente wegzuwischen. Daß das Ergreifen des Stockes eine verbotene, aufrührerische Handlung ist, wird nur mehr durch die ‚linke‘ Hand, mit der es geschieht, symbolisch angedeutet. Im manifesten Trauminhalt wird aber dabei Gott angerufen, wie um recht ostentativ jeden Gedanken an ein Verbot oder eine Heimlichkeit abzuweisen. Von den beiden Verheißungen Gottes an Moses, daß er das verheißene Land sehen, nicht betreten werde, wird die eine sehr deutlich als erfüllt dargestellt (‚Blick auf Hügel und Waldland‘), die andere, höchst peinliche, gar nicht erwähnt. Das Wasser ist wahrscheinlich der sekundären Bearbeitung, welche die Vereinheitlichung dieser Szene mit der vorigen erfolgreich anstrebte, zum Opfer gefallen, statt dessen stürzt der Fels selber. Den Schluß einer infantilen Masturbationsphantasie, in der das Verbotsmotiv verteten ist, müßten wir so erwarten, daß das Kind wünscht, die Autoritätspersonen seiner Umgebung möchten nichts von dem Geschehenen erfahren. Im Traum ist dieser Wunsch durch das Gegenteil, den Wunsch, das Vorgefallene dem König sogleich zu melden, ersetzt. Diese Umkehrung schließt sich aber ausgezeichnet und ganz unauffällig der in der obersten Schicht der Traumgedanken und ein einem Teile des manifesten Trauminhaltes enthaltenen Siegesphantasie an. Ein solcher Sieges- und Eroberungstraum ist oft der Deckmantel eines erotischen Eroberungswusches; einzelne Züge des Traumes, wie z. B., daß dem Eindringenden ein Widerstand entgegengesetzt wird, nach Anwendung der sich verlängernden Gerte aber ein breiter Weg erscheint, dürfen dahin deuten, doch reichten sie nicht hin, um daraus eine bestimmte, den Traum durchziehende Gedanken- und Wunschrichtung zu ergründen. Wir sehen hier ein Musterbeispiel einer durchaus gelungenen Traumentstellung. Das Anstößige wurde überarbeitet, daß es nirgends über das Gewebe hinausragt, das als schützende Decke darübergebreitet ist. Die Folge davon ist, daß jede Entbindung von Angst hintertrieben werden konnte. Es ist ein Idealfall von gelungener Wunscherfüllung ohne Zensurverletzung, so daß wir begreifen können, daß der Träumer aus solchem Traum ‚froh und gestärkt‘ erwachte.“

7. Vorlesung

Ödipus? Schnödipus! – Hauptsache, du hast deine Eltern recht lieb!!!

Lehrziel:
Psychoanalytische Entwicklungspsychologie

Weiterführende Literatur:
Sigmund FREUD:
- Analyse der Phobie eines fünfjährigen Knaben, 1909;
- Die infantile Genitalorganisation, 1923;
- Der Untergang des Ödipuskomplexes, 1924;
- Einige psychische Folgen des anatomischen Geschlechtsunterschieds, 1925; in: Gesammelte Werke, S. Fischer;
P. BLOS: Adoleszenz, Klett-Cotta;
Driek VAN DER STERREN: Ödipus, Kindler.

Stichworte:
Psychoanalytische Entwicklungspsychologie; Libidoentwickung; orale, anale, urethrale, frühe genitale und phallisch-genitale Phase; Ödipuskomplex; Latenz; Adoleszenz/Pubertät

Die Psychoanalyse begann schon sehr bald, ihre Hypothesen über die frühkindliche Entwicklung und deren Schwierigkeiten und Probleme durch direkte Kinderbeobachtung bzw. durch psychoanalytische Behandlung von Kindern zu überprüfen. Ein klassisches Beispiel ist der Bericht Freuds über die „Analyse der Phobie eines fünfjährigen Knaben", in deren Verlauf der „Kleine Hans" mit Hilfe seines Vaters unter der Anleitung von S. Freud von einer Pferdephobie loskommen konnte.(S. Freud, 1909, Ges. W. VII). In weiterer Folge entwickelten Anna Freud und Melanie Klein Modifikationen der psychoanalytischen Technik, die es ermöglichen, mit Kindern ebenso analytisch zu arbeiten wie mit Erwachsenen. Aus dieser Quelle wie aus der direkten Beobachtung von Säuglingen und Kleinkindern sowie durch Rekonstruktionen im Rahmen von Psychoanalysen Erwachsener konnte eine große Anzahl von psychoanalytischen Daten und Fakten über die Entwicklung des psychischen Apparats gesammelt werden. Die Ordnung dieser Daten kann nach den verschiedensten Gesichtspunkten geschehen. Die erste Einteilung, die durch den Untersuchungsgegenstand der

Psychoanalyse besonders in deren Anfängen nahelag, war eine Beschreibung der Phasen der Libidoentwicklung und der Schicksale der Partialtriebe. Schon in seinen „Drei Abhandlungen zur Sexualtheorie" (S. Freud, 1905, Ges. W. V) beginnt Freud verschiedene Stufen in der Libidoentwicklung zu unterscheiden, ein Versuch zur Beschreibung psychischer Entwicklung, den er gemeinsam mit dem Berliner Psychoanalytiker Karl Abraham zu einem bis heute gültigen umfassenden System über die Phasen der Libidoentwicklung (d. h. der Entwicklung des Sexualtriebs) ausarbeiten konnte. Etwas für den Aggressionstrieb Analoges konnte allerdings noch nicht erstellt werden. Auch für die Entwicklung des Ichs und des Über-Ichs wurden psychoanalytische Entwicklungslinien erstellt, die den Vorstellungen und Befunden der akademischen Psychologie eher entgegenkommen als die psychoanalytischen Befunde über die Triebentwicklung und deren Konsequenzen auf die seelische Struktur des Menschen. Im allgemeinen unterscheidet man folgende Entwicklungsphasen, nimmt man die Triebentwicklung als Bezugspunkt:

1. die orale Phase
2. die anale Phase
3. die urethrale Phase
4. die frühe genitale Phase
5. die phallisch-genitale Phase
6. die Latenzzeit
7. die Pubertät
8. die Sexualität des Erwachsenen

Die orale (oralerotische / kannibalistische) Phase

Dieser Entwicklungsabschnitt bezieht sich auf das **erste Lebensjahr**. Der Säugling bzw. das Kleinkind verfügt zum sexuellen Lustgewinn im wesentlichen über den **Bereich des Mundes (Mund, Lippen, Zunge; später Zähne)**. Die sexuellen Wünsche sind in ihrer Ausformung durch dieses Sexualorgan geprägt und entwickeln sich **in Anlehnung an die Nahrungsaufnahme: Saugen, Beißen, Lutschen, In-den-Mund-Nehmen.** Für die Gewinnung von Lust bzw. die Vermeidung von Unlust entscheidend ist die Frage, ob etwas „schmeckt", im Mund behalten werden kann und zur Reizung der erogenen Zone der Mundregion geeignet ist. Etwas später kommt noch die Frage hinzu, ob das Lustobjekt geschluckt (gefressen) werden kann (Vorbild für den psychischen Mechanismus der Introjektion). Umgekehrt ist die Möglichkeit des Ausspuckens (Ausscheidens) beim Auftreten unangenehmer, ekelerregender Empfindungen ein Vorbild für den psychischen Mechanismus der Projektion, der durch Hinausverlegen eines psychischen Reizes (Triebabkömmlings) aus der eigenen Person hinaus (indem dieser Impuls einer anderen Person zugeschrieben wird) das Auftreten von Unlust (Angst) vermeiden helfen soll. Bertram Lewin hat diese Vorstellungswelt des Säuglings und Kleinkinds dadurch verständlich zu machen versucht, daß er den auftretenden Empfindungen und – durchaus körperbetonten – Erfahrungen Erinnerungsspuren zuschrieb, die, werden sie zu einem späteren Zeitpunkt erregt, als Vorgänge beschrieben werden, die am besten noch mit Erlebnissen von „Fressen", „Gefressenwerden" und „Einschlafen" erfaßt werden können.

Als **Triebziel** der Oralerotik wird zunächst die **autoerotische Reizung der Mundzone, später die Einverleibung** anzusehen sein. Das Ergebnis ist regelmäßig eine Identifizierung („primäre Identifizierung") als Ausdruck einer Vorstellung der Vereinigung mit dem Objekt (eins geworden zu sein mit dem Objekt durch Einverleibung oder durch Gefressen-Werden), d. h. daß die Objekte in dieser Lebensphase vorwiegend als Nahrung und Nahrungsversorger angesehen werden. Die Identifizierung, die Aneignung von Eigenschaften dieser Objekte via orale Introjektion stellt einen entscheidenden Beitrag bei der Ichentwicklung dar.

Als **spezifische orale Ängste,** die diesen Triebzielen am ehesten entsprechen, ergeben sich Vorstellungen mit dem Inhalt des **Gefressenwerdens,** die im allgemeinen auch die Quelle oraler Lust sein können (eins zu werden mit einem allmächtigen Objekt, eine Vorstellung, die wir in verschiedenen religiösen Ritualen wiederfinden), die aber, besonders wenn übermäßige aggressive Beimengungen hinzutreten, intensivste Ängste hervorrufen können.

Gerade diese oral-sadistischen Phantasien (kannibalistische Vorstellungen) geben bei schweren **psychischen Krankheiten** (Psychosen, Psychosomatosen) Anlaß zu den vielfältigsten Symptombildungen: die Nahrungsverweigerung des **psychotisch Depressiven** ist oft durch – zumeist unbewußte – Phantasien kannibalistischen Inhalts, deren Ausführung durch die Verweigerung von weiterer Nahrungsaufnahme vermieden werden soll, zu erklären; gelegentlich erweist sich die Psychogenese eines **Magengeschwürs** bedingt durch die Wendung eines wütenden, kannibalistischen Impulses gegen die eigene Person, d. h. der Patient frißt sich buchstäblich selber auf.

Auch im **Bereich der Normalität** gibt es eine Reihe von Überbleibsel, Reste der Oralität: „jemanden zum Fressen gern haben", „beißende Schmerzen", „bissige Bemerkungen",„es beißt" bei Hautjucken etc.; Küssen; verschiedene sexuelle Praktiken, die mit dem Mund ausgeführt werden (Fellatio, Cunnilingus etc.); Eßgewohnheiten, Rauch- und Trinksitten. Grundlegende Erfahrungen von Befriedigung in dieser Zeit berechtigen offenbar zu dem Gefühl, daß man auf diese Befriedigungen zählen könne: als **Charakterzug** entwickelt sich daraus der **Optimismus,** oder – im negativen Fall – der **Pessimismus.**

Die Fähigkeit, die ersehnte Befriedigung hinauszuschieben, kann sich wahrscheinlich auch nur dann genügend entwickeln, wenn die Erfahrungen mit den angebotenen Befriedigungen hinreichende Sicherheit vermitteln konnten, ansonsten entstehen Charakterentwicklungen, deren herausstechendstes Merkmal die Getriebenheit nach jeder Art von Befriedigung ist; jegliche Art von Spannung überfordert die Möglichkeiten dieser Menschen; **Suchtverhalten** als eine Form, mit diesen unerträglichen und nicht anders zu bewältigenden Spannungen fertig zu werden, ist oft die einzige Antwort auf diese schwierige Charakterstruktur. Überhaupt sind viele der Merkmale, die dem Erwachsenen als Stimmungen bekannt sind, vermutlich auf diese sehr frühen Erfahrungen zurückzuführen.

Ist die Mundzone auch als Hauptorgan der Oralerotik anzusehen, spielen doch andere Körperregionen und Organe eine nicht minder wichtige Rolle im Erleben des Kleinkindes. Besonderes Augenmerk verdient hier die **Hauterotik** als Quelle intensiver oralerotischer Lust; der Mund als ein Organ der Einverleibung und Zerstörung, kann aber ersetzt werden durch die **Augen** und die **Hände,** die in unterschiedlicher Ausprägung beide zum Erfassen, Begreifen und Aufnehmen der Welt in die innere Welt des kleinen Kindes notwendig sind.

Die anale (analerotische / sadistische) Phase

Darunter versteht man die psychosexuelle Entwicklungsstufe, die die Oralerotik überlappt und langsam ablöst. Ihren Höhepunkt erreicht sie unter unseren kulturellen Bedingungen gegen **Ende des 2. Lebensjahres.** Als erogene Zone fungiert jetzt die **Afterregion** mit der Möglichkeit der Stimulierung der analen Schleimhaut bei der Defäkation oder in Verbindung mit Aktivitäten analer Masturbation. „Der Darminhalt, der als Reizkörper für eine sexuell empfindliche Schleimhautfläche sich wie der Vorläufer eines anderen Organs benimmt, welches erst nach der Kindheitsphase in Aktion treten soll, hat für den Säugling noch andere wichtige Bedeutungen. Er wird offenbar wie ein zugehöriger Körperteil behandelt, stellt das erste ‚Geschenk' dar, durch dessen Entäußerung die Gefügigkeit, durch dessen Verweigerung der Trotz des kleinen Wesens gegen seine Umgebung ausgedrückt werden kann. Vom ‚Geschenk' aus gewinnt er dann später die Bedeutung des Kindes, das nach einer der infantilen Sexualtheorien durch das Essen erworben und durch den Darm geboren worden ist." (S. Freud, 1905, Ges. W. V, 87).

Das **primäre Ziel der Analerotik** ist sicherlich die **Reizung der Schleimhaut des Enddarms** und der daraus resultierende Genuß lustvoller Empfindungen bei der Defäkation. Erst später tritt die Erfahrung hinzu, daß diese **Lust durch Zurückhalten** der Stuhlmassen noch gesteigert werden kann. Dieses lustvolle Zurückhalten wird dort umso größere Bedeutung erlangen, wo es gleichzeitig als Sicherung vor Ängsten dient, die mit dem Verlust von Körperinhalt verknüpft sein kann. Oft sind es gerade diese Ängste, die erst zur Entdeckung von Retentionslust führen. Die ersten analen Lusterlebnisse sind autoerotisch, können also ohne ein „Objekt" erzielt werden (dies gilt sowohl für die Ausscheidung wie für die Retention). Zunehmend aber werden die Fäces jedoch zum Objekt analer Bestrebungen. Als Teil des eigenen Körpers, der sich zu einem äußeren Objekt verwandelt, wird er für das Kind zum Vorbild all dessen, was **Besitz** bedeuten kann: äußere Dinge, die nichtsdestotrotz Ichqualitäten haben.

Die immense Bedeutung, die Besitz zur Aufrechterhaltung des psychischen Gleichgewichts annehmen kann, wird daraus verständlich, ebenso wie der Antrieb zur **Koprophagie** (Kotessen) und zum **Kotschmieren:** mit der (Wieder-)Einverleibung des Ausgeschiedenen soll ein Zustand von Vollkommenheit wieder erreicht werden. Manche **Toilettengewohnheiten** sind ebenfalls auf diesen Umstand zurückzuführen: wenn jemand während der Defäkation liest, gibt er damit zu verstehen, daß er sich zumindest leichter tut, seinen Körperinhalt „herzugeben", wenn er sich gleichzeitig Entsprechendes zuführt (Einverleibung mittels der Augen). Am Umgang mit den Fäces lernt das Kind einen weiteren wesentlichen sozialen Faktor kennen: den der **sozialen Macht.** Die Beherrschung des analen Schließmuskels ermöglicht es dem Kind, im Rahmen seiner Reinlichkeitserziehung den Erwachsenen gegenüber erfolgreich Widerstand zu leisten. Damit verbunden ist die Möglichkeit, die Fäces als „**Geschenk**" zu verwenden.

Aus diesen Erfahrung mit der Reinlichkeitserziehung erwachsen für das Kind reichlich Gelegenheiten, die anfänglich autoerotischen analen Bestrebungen in objektbezogene umzuwandeln. Die Bezugspersonen werden dann ebenso behandelt, wie es das mit seinen Fäces zu tun pflegt. Charakteristisch für die anale Einstellung dem Objekt gegenüber ist die **anale Ambivalenz:** das Kind drückt die Fäces aus seinem Körper heraus (Ausscheidung ist hier ebenso destruktiv, sadistisch, wie es die orale Einverleibung sein kann) und hält sie zurück, als wären sie ein Liebesobjekt. Die Bezugspersonen können dann psychologisch ebenso „zurückgehalten" oder auf vielfältigste Art „ausgeschieden" werden. Davon abgeleitet sind Aktivitäten, andere Personen in anale Strebungen einzubeziehen: gemeinsam Stuhlgang zu verrichten, einander beim Stuhlgang zu beobachten oder sich dabei zuschauen zu lassen, gemeinsame Kotschmierereien, auf andere Personen zu defäzieren oder eine andere Person auf einen selbst defäzieren zu lassen. Während in den Anfängen der Analität die Lust an der sadistischen Ausscheidung ganz ohne Rücksicht auf das Objekt verfolgt wird, entwickelt sich wahrscheinlich erst in einer späteren Phase der Analität eine tatsächliche **Sorge um das Objekt.** Die Bereitschaft, die Fäces einem Objekt zuliebe zu opfern, scheint auf dieselbe Fähigkeit zur Objektliebe zurückzugehen.

Als **spezifische Ängste** der Analität gelten die Befürchtungen, einem selbst werde in **Vegeltung analsadistischer Tendenzen** zustoßen, was man anderen aufgrund analsadistischer Wünsche zufügen wollte: daraus ergeben sich Ängste vor physischen Verletzungen im Zusammenhang mit analen Wunschbildungen: Angst, die Eingeweide könnten einem **herausgerissen** werden; Angst, es könnte einen **zerreißen** etc. Weitere anale Ängste haben allgemeinere Inhalte und beziehen sich auf den Bereich der (Trieb-)Kontrolle.

Charakterologisch sind bereits von Freud „**anale Charakterzüge**" beschrieben worden, nämlich **Ordentlichkeit, Sparsamkeit** und **Eigensinn.**

Die Urethralerotik

Das primäre **Ziel der Urethralerotik** ist die **Lust beim Urinieren.** Analog der analen Retentionslust gibt es sicherlich auch die Steigerung der urethralen Lust durch Zurückhalten und Aufschieben. Angeblich ist die urethrale Retentionslust aus anatomischen Gründen bei Mädchen häufiger anzutreffen als bei Buben. Auch hier sind die ursprünglichen Ziele als autoerotisch einzustufen, die sich erst in einem weiteren Entwicklungsschritt zu objektlibidinösen umwandeln werden. Der Urethralapparat wird dann zum Organ vielfältigster erotischer Phantasien, die offen oder versteckt die Lust am Urinieren zum Inhalt haben: auf eine andere Person zu urinieren oder diese auf einen urinieren zu lassen; jemand anderen dazu veranlassen, einem beim Urinieren zu beobachten oder selbst zum Zuschauer zu werden; etc.

Es ist nicht immer mit Sicherheit zu entscheiden, inwieweit die Urethralerotik für sich steht oder zum Austragungsort anderer erotischer Strebungen erwählt worden ist: Strebungen aus der oralen Phase können ebenso in urethraler Verkleidung auftreten wie sich die infantile Genitalität ganz selbstverständlich des Harnapparats bedient. So kann das **Bettnässen** zum – unbewußten – Äquivalent der genitalen Masturbation werden; Urinieren kann aber ebenso die Bedeutung aktiven Eindringens im Zusammenhang von (oralsadistischen) Beschädigungs- und Zerstörungsphantasien annehmen oder aber durch das Ziel des Fließenlassens die Bedeutung der passiven Selbstaufgabe. An der unbewußten Wurzel des oft recht therapieresistenten Symptoms der **Ejaculatio praecox** (vorzeitiger Samenerguß) findet sich nicht selten ein Konflikt solcher passiver und aktiver einander widersprechender urethralerotischer Strebungen: das als Impotenz imponierende quälende Symptom entpuppt sich als versteckte Lust, in die Frau hineinzuurinieren (fließen zu lassen).

Die **spezifische Angst** der Urethralerotik hat mit der Tatsache zu tun, daß mit der Beherrschung des urethralen Schließmuskels das Gefühl des Stolzes verbunden ist. Übertretungen der urethralen Reinlichkeitsgebote werden im allgemeinen mit pädagogischen Maßnahmen verknüpft, die – soweit sie sich der Bestrafung bedienen – mehr oder weniger Beschämung als Bestrafungsmittel einsetzen. **Beschämung und Scham** stellen dementsprechend spezifische Angstsituationen und Angstreaktionen der Urethralerotik dar.

Ehrgeiz, als ein Mittel zur Vermeidung von Scham, ist der davon abgeleitete **Charakterzug.**

Die frühe genitale Phase und die phallische Phase

Eine erogene Sensibilität der Genitalzone besteht – genauso wie die urethral- und analerotischen Strebungen – eigentlich schon von Geburt an. Sporadische Selbsterregung der Genitalzone wird bei Knaben zwischen dem 7. und dem 10. Lebensmonat beobachtet, bei Mädchen tritt dieses Verhalten um einige Monate später auf, nämlich erst gegen Ende des ersten Lebensjahres. Diese augenscheinlichen Geschlechtsunterschiede werden auf die stärkere Exposition des Penis für direkte Stimulierungen beim Wickeln und bei Körperreinigungen zurückgeführt; darüber hinaus ist der Penis von Geburt an beim Urinieren mitbeteiligt und durch auftretende spontane Erektionen stärker im Bewußtsein des Knaben verankert. Zwischen dem 15. und dem 21. Lebensmonat entwickelt sich ein völlig neues, „genitales Verhalten", sodaß von einer **„frühen genitalen Phase"** gesprochen werden kann: sowohl bei Mädchen wie auch bei Buben treten wiederholte und intensive manuelle genitale Selbst-Stimulierungen ebenso auf wie indirekte Reizungen der Genitalregion durch Schaukeln, Zusammenpressen der Oberschenkel etc. Die genitale Selbst-Stimulierung kann bei den Knaben, muß aber nicht mit einer Erektion einhergehen, bei den Mädchen wird gelegentlich die Einbeziehung der Vagina bei der genitalen Stimulierung beobachtet; dies stellt aber nicht den Regelfall dar. Anfangs zeigen die Kinder deutliche Tendenzen, mit der Mutter in körperliche Berührung zu kommen, nach wenigen Wochen allerdings verschwindet dieses offen auf die Mutter bezogene Verhalten wieder und weicht einem nach innen gerichteten Blick, dem typischen Gesichtsausdruck von Vertieftsein, der von nun an jede genitale Selbst-Stimulierung charakterisieren wird. Außerdem benützen die Kinder unterschiedliche unbelebte Objekte (Stofftiere, Leintuchzipfel etc.) bei ihren masturbatorischen Tätigkeiten, die auch als „Übergangsobjekte" bereits eine Bedeutung bei der Trennung von der Mutter angenommen haben. Bei den Mädchen nimmt das Spielen mit den Lieblingspuppen deutlich zu, wobei besonders die körperliche Untersuchung dieser Puppen im Vordergrund stehen kann (Neugier und Suche nach einem Penis). Die Buben hingegen zeigen eine deutliche Akzentuierung ihres Spiels mit Spielzeugautos, Flugzeugen etc., Spielsachen, die schon durch ihre Beweglichkeit phallischen Charakter haben. Beiden Geschlechtern gemeinsam ist ein eindeutiger Spaß an exhibitionistischen Gelegenheiten. Durch dieses erhöhte Interesse an den Genitalien bleibt den Kindern der Geschlechtsunterschied nicht lange verborgen. Mädchen wie Buben reagieren mit **ausgeprägter (präödipaler) Kastrationsangst,** deren Auswirkung allerdings unterschiedlich ausfällt und eine **deutliche Geschlechtsspezifität** zeigt:

Die Mehrzahl der **Mädchen** stellt die direkte Masturbation völlig ein, die **Stimmung sinkt deutlich ab** (Verlust der Begeisterung bis zu depressiven „Verstimmungen"), orale und anale Verhaltensmuster werden wieder aufgenommen (die Ängste sind wieder um Ängste vor Objektverlust und anale Verlustängste zentriert, sodaß eine **große Irritierbarkeit durch geringfügige Körperverletzungen** auftritt); neue Beziehungsmuster zu den unbelebten Objekten treten an die Stelle der früheren Übergangsobjekte und erreichen gelegentlich eine derart starke erotische Qualität, daß man von einem **infantilen Fetisch** sprechen kann. Die Wahrnehmung der Penislosigkeit versetzt dem Narzißmus des kleinen Mädchens einen schweren Schlag. Die daraus resultierenden Befürchtungen vermischen sich mit analen Ängsten und später mit phallischen Kastrationsängsten. Immer ist es die Mutter, die für diesen Mangel verantwortlich gemacht wird. Die Entdeckung des Penis konfrontiert die Mädchen mit etwas, das ihnen fehlt; der Penis wird so zum Prototyp eines ersehnten, aber unerreichbaren „Besitzes". Die typische Reaktion des kleinen Mädchens darauf ist die Entwicklung von **Neid („Penisneid")**, der unter ungünstigen Umständen zum vorherrschenden Charakterzug ausgebildet werden kann. Trennungen, körperliche Erkrankungen, operative Eingriffe fördern in dieser Phase schwere Störungen bei der Ausbildung der Geschlechtsidentität (Störungen des Körperschemas, des Körper-Selbst) und schwere, körperbezogene Ängste, die oft als „Vernichtungsängste" beschrieben werden. Mädchen entwickeln eine wesentlich ausgeprägtere Tendenz zu semisymbolischen Spielen als Ausdruck eines reichen **inneren Fantasielebens,** dessen Vorhandensein sie in diesem Alter von den Buben am deutlichsten unterscheidet.

Die **Buben** reagieren zum Unterschied von den Mädchen mit einem deutlichen **Anstieg ihrer physischen Aktivitäten,** während das Masturbationsverhalten unverändert bleibt. Insgesamt scheinen die Knaben auf die Entdeckung des Geschlechtsunterschieds eher mit einer **Verleugnung** zu reagieren.

In dieser Zeitspanne entwickeln Buben wie Mädchen zu ihrem **Vater** ein neues Beziehungsmuster, das besonders bei den Mädchen deutlich zu differenzieren ist: eine Beziehung zum Vater entwickelt das Mädchen bereits im ersten Lebensjahr, sobald es sich aus der symbiotischen Beziehung mit der Mutter gelöst hat; jetzt aber, ab dem 18. Lebensmonat an fühlen sich die Mädchen, die sich bis dahin relativ gut entwickelt haben, ihren Vätern gegenüber erotisch angezogen und zeigen ein intensives dyadisches (im Gegensatz zur triadischen ödipalen Situation) Beziehungsmuster, das auf die ödipale Situation vorzubereiten scheint. Die Mädchen, die von einer frühen und überstarken Kastrationsangst heimgesucht werden, schaffen diesen Wechsel viel schwerer oder gar nicht: sie verbleiben in einer äußerst ambivalenten Beziehung zu ihrer Mutter, die eventuell in einer Spaltung dieser Mutterimago endet. Die Mutter wird dann zu einem „guten Objekt", an das sich das Mädchen übertrieben anklammert, während die „bösen" Gefühle auf Fremde übertragen werden, vor denen sich das Mädchen derart zu fürchten beginnt, daß wesentliche soziale Lernschritte grob beeinträchtigt sein können. Das Aufflammen der erotischen Gefühle für den Vater bleibt bei diesen Mädchen erwartungsgemäß aus.

Diese „frühe genitale Phase" geht **zwischen dem zweiten und fünften Lebensjahr** in die **phallische Phase** über, die den Höhepunkt der infantilen Sexualentwicklung darstellt und die dadurch gekennzeichnet ist, daß sich alle sexuelle Erregung auf die Genitalien konzentriert. Die **infantile Masturbation** wird zur sexuellen Hauptbetätigung des Kindes in dieser Phase, eine Art von genitalem Orgasmus kann vorkommen, dürfte aber nicht die Regel der kindlichen Erregungskurve sein. War die Masturbation bereits vorher eine Möglichkeit von Spannungsabfuhr und von Lustgewinn, so ist sie in der phallischen Phase regelmäßig **von Phantasien begleitet, die**

üblicherweise den Ödipuskomplex zum Inhalt haben. Diese kindlichen Spielarten der Masturbation bedeuten wie die Onanie im Pubertätsalter eine spielerische Annäherung an die körperlichen Vorgänge der Sexualerregung mit dem Ziel, deren aktive Beherrschung zu erlernen.

Durch entsprechende Drohungen, die in keiner Kindererziehung zu fehlen scheinen (und wenn sie tatsächlich nicht aus der Umgebung des Kindes kommen sollten, konstruiert sie sich das Kind selbst), entstehen die Grundlagen der für diese Phase typischen Angst, nämlich der **Kastrationsangst.** Vorläufer dieser ödipalen Kastrationsangst (präödipale Kastrationsangst) sind bereits in der frühen genitalen Phase zu beobachten, sobald die Geschlechtsdifferenz bewußt wahrgenommen wird. Die entsprechenden Auswirkungen – unterschiedlich für Mädchen und für Knaben – sind genitale Körperbeschädigungsängste, die mit oralen und analen Objektverlustängsten zusammenfließen. Sind diese Vorläufer der ödipalen Kastrationsängste zu massiv, beeinflussen sie nicht nur ungünstig die die ödipale Situation vorbereitenden Objektbeziehungen, sondern prägen auch die Intensität der Angst, die die ödipalen Kastrationsvorstellungen begleiten. Durch die Wichtigkeit, die das Genitale (Penis, Klitoris) beim Lustgewinn annimmt, wird es vom Kind besonders geschätzt (hohe narzißtische Besetzung). Daraus ergibt sich die Angst, daß diesem hochgeschätzten Organ etwas zustoßen könnte. Diese Befürchtung wird erst durch die (Wieder-)Entdeckung des Geschlechtsunterschieds zu einer für das Kind äußerst bedrohlichen Realität. Das ödipale Kind kennt in diesem Alter – entgegen allen Bemühungen, es entsprechend aufzuklären – eigentlich keine zwei Geschlechter bzw. zwei verschiedene Geschlechtsorgane; es erkennt nur den Phallus, d. h. sowohl Mädchen wie Knaben teilen die Menschen in solche ein, die einen Penis haben und solche, die keinen haben. Über letzteres versuchen sich die Kinder beiderlei Geschlechts eine ihrer kindlichen Welt entsprechende Theorie zu bilden. Die kindliche Vorstellungswelt und die von den Erwachsenen mehr oder weniger scherzhaft geäußerten Anspielungen scheinen nur eine Schlußfolgerung zuzulassen: die Personen, die keinen Penis haben oder nur einen unzureichenden, unvollständigen Ersatz dafür (als solcher wird die Klitoris erlebt und eingestuft), müssen irgendeine Beschädigung an diesem ihrem Organ erlitten haben. Die Art dieser Beschädigung wird unterschiedlich vorgestellt: die häufigste Phantasie ist diejenige von einer Bestrafung desjenigen Organs, mit dem „gesündigt" wurde. Diese archaische Idee der Vergeltung durch Kastration entspricht dem kindlichen Erlebnishorizont in der ödipalen Phase am besten: wünscht sich doch der **Knabe,** die Mutter ebenso zu besitzen, wie er sich das in seiner Phantasie vom Vater vorstellt (dabei spielen oft recht vage Gefühle und Wünsche, in einen hohlen Raum einzudringen, eine wichtige Rolle); der Vater wird im Rahmen dieses kindlichen Wünschens zum gefürchteten Rivalen, der seinen Sohn ob solchen Begehrens auszuschalten und entsprechend der kindlichen Gefühlswelt mit der phantastischen Strafe der Kastration zu bestrafen sucht.

Auch das **Mädchen** reagiert in ganz ähnlicher Weise: die Klitoris wird zum empfindungsreichsten Teil des Genitalapparates, an dem sexuelle Lust und Befriedigung in Form der kindlichen Masturbation erzielt wird. Auch das Mädchen teilt die Menschen in „phallische" und „kastrierte" ein, sodaß es auf das Wissen von einem Penis einerseits mit dem Wunsch reagiert, selbst einen („größeren") haben zu wollen (**Penisneid**), andererseits mit der für Mädchen in dieser Entwicklungsphase typischen Vorstellung, ihn gehabt, aber verloren zu haben. Diese Tatsache, daß das Mädchen meint, bereits bestraft worden zu sein, während der Knabe fürchten muß, derart bestraft werden zu können, ist verantwortlich für einige der wesentlichen Unterschiede in der darauf folgenden psychischen Entwicklung zwischen Mädchen und Knaben.

Mit der Annahme einer phallischen Entwicklungsperiode beim Mädchen wird aber nicht unterstellt, daß das Mädchen vor der Latenzperiode einfach ein mißglückter Knabe wäre (was manchen Phantasien dieser Mädchen entspäche, aber keine wissenschaftliche Annahme über die psychische Entwicklung der Mädchen darstellen kann): mit der Masturbation an der Klitoris gehen rein weibliche Phantasien ebenso einher, wie die Masturbation mittels des Penis beim Knaben von weiblichen Wünschen begleitet werden können. Der häufige Wunsch kleiner Mädchen, in den Mutterleib einzudringen, stammt vermutlich noch aus einer früheren Lebensperiode und entspricht einer oralen Phantasie, in den Leib der Mutter mit den Zähnen einzudringen und seinen Inhalt aufzufressen.

Für die Objektbeziehungen des Mädchens ist es meistens entscheidend, daß es regelmäßig die Mutter für diesen Mangel verantwortlich macht (als habe diese ihm etwas Wesentliches weggenommen), wodurch die Abwendung von der präödipalen Mutter erleichtert wird. Durch die Mobilisierung anal- und oralrezeptiver Erfahrungen und die Ersetzung der Vorstellung „Penis" durch die Vorstellung „Kind" wird die Klitoris als Hauptzone aufgegeben und durch rezeptive Wünsche abgelöst, mit denen sich jetzt das Mädchen an den Vater wendet. Damit wird der späteren vaginalen Heterosexualität der Weg bereitet.

Ödipus

In einem Brief an Wilhelm Fließ vom 15. 10. 1897 schreibt Freud bereits: „…ich habe die Verliebtheit in die Mutter und die Eifersucht gegen den Vater auch bei mir gefunden, halte sie jetzt für ein allgemeines Ereignis früher Kindheit, wenn auch nicht immer so früh wie bei den hysterisch gemachten Kindern…; wenn das so ist, so versteht man die packende Macht des Königs Ödipus, trotz aller Einwendungen, die der Verstand gegen die Fatumsvoraussetzungen erhebt und versteht, warum das spätere Schicksalsdrama so elend scheitern mußte … jeder der Hörer war einmal im Keime und in der Phantasie ein solcher Ödipus und von der hier in die Realität gezogenen Traumerfüllung, schaudert jeder zurück mit dem ganzen Betrag der Verdrängung, der seinen infantilen Zustand von seinem heutigen trennt."

„König Ödipus", um 428 v. Chr. (Tragödie von Sophokles, etwa 500 v. Chr. bis 400 v. Chr.)

Inhaltsangabe: Die Bürger von Theben versammeln sich vor dem Königspalast des regierenden Herrscherpaares, Ödipus und Iokaste, um diese um Hilfe für die Erlösung von einer Plage zu bitten, welche die Stadt heimsucht und zu Dürre und Unfruchtbarkeit bei Tier und Mensch führt. Man hofft, daß Ödipus die Thebaner wieder erretten kann, so wie er sie schon einmal von der Heimsuchung der grausamen Sphinx erlöst hat. Dieses Wesen mit einem menschlichen, weiblichen Oberteil und einem männlichen, tierischen Unterleib, einem langen Schweif, großen Flügeln und scharfen Krallen, hatte sich in der Nähe von Theben niedergelassen und den Thebanern ein Rätsel aufgegeben. Jeden Tag mußte ein Bürger dieser Stadt versuchen, das Rätsel zu lösen. Gelang ihm dies nicht, mußte er sterben; anderenfalls mußte die Sphinx sterben. Keiner jedoch vermochte die Lösung zu finden, sodaß der Rat der Stadt demjenigen, der das Rätsel zu lösen imstande sein würde und die Stadt von dieser Plage befreien könnte, Iokaste zur Gemahlin und den Thron zum Lohn versprach. Ödipus löste das Rätsel der Sphinx, indem er auf ihre Frage: „Welches Wesen läuft morgens auf vier Beinen, mittags auf zwei und abends auf drei Beinen?" die richtige Antwort geben konnte: der Mensch! Er bewegt sich zu Anfang seines Lebens auf Händen und Füßen, als Erwachsener auf zwei Beinen und schließlich als Greis muß er einen Stock als drittes Bein zu Hilfe nehmen. Ödipus will ihnen auch diesmal wieder helfen und hat schon Kreon, seinen Schwager, nach Delphi gesandt, um das Orakel zu befragen. Durch den Orakelspruch läßt Apollo die Thebaner wissen, daß die Ermordung des vorigen Königs, Laios, noch ungesühnt sei, und daß hierin die Ursache aller Leiden liege. Aus dem Orakel ging auch hervor, daß sich die Mörder noch in der Stadt befänden. Laios, der Vorgänger des Ödipus, war ausgezogen, um das Orakel zu befragen, kehrte aber nie zurück; nur ein Diener, der entkommen konnte, meldete in Theben, daß Laios von einer Räuberbande erschlagen worden sei, und zwar an einem Dreiweg.

„O ihr drei Pfade und du verborgnes Tal,
Gebüsch und Engpaß am Dreiweg, …"
(K. Ö., Steinmann, 1398–1399)

Damals konnte man den Mord nicht rächen, da die Sphinx mit ihren rätselhaften Gesängen die Stadt in Atem hielt. Auf Vorschlag des Chores wird der blinde Seher Teiresias gerufen, der jedoch nicht sprechen will, da das, was er wisse, zu schrecklich sei. Erst als Ödipus die Vermutung äußert, daß Teiresias an diesem Mord mitschuldig sei, bezeichnet Teiresias Ödipus als den Schuldigen:

„Ahnungslos, sag ich, verkehrst mit deinen Nächsten du
In Schimpf und Schande und siehst nicht, wie tief du steckst im Übel!"
(K. Ö., Steinmann 367–368)

Darauf verdächtigt Ödipus Kreon und Teiresias, ein Komplott gegen ihn geschmiedet zu haben. Teiresias wiederholt, daß Ödipus zwar sehen könne, seinem Unglück aber gegenüber, in dem und mit dem er lebe, blind sei. Er wisse nicht, woher er stamme noch wer ihn geboren habe. Als Blinder werde er durch die Lande ziehen, wenn er erst erfahre, mit wem er verheiratet sei. Teiresias fügt noch hinzu, der gesuchte Mörder gelte als Fremdling, sei jedoch in Theben geboren, er sehe noch, werde jedoch erblinden. Man werde entdecken, daß er seinen Kindern Bruder und Vater zugleich sei, und Sohn und Gatte seiner Frau, die ihn geboren, mit der er Kinder gezeugt, die die Gattin seines Vaters gewesen sei, den er erschlagen habe.

„... blind statt sehend, Bettler anstatt reich: über ein fremdes Land hin,
Mit einem Stab den Grund abtastend, wird er wandern.
Ans Licht wird kommen: mit den eignen Kindern lebt er zusammen.
Als ihr Bruder und ihr Vater, der gleiche Mann, ist der Frau,
Der er entsproß, Sohn und Gemahl und des Vaters Mitsäer und sein Mörder!"
(K. Ö., Steinmann 454–459)

Ödipus hat noch immer soviel Ansehen durch den erfolgreichen Kampf mit der Sphinx, daß der Chor ihn noch immer nicht anklagen will. Iokaste, die Gattin des Ödipus, beschwichtigt den Streit zwischen Kreon und Ödipus und spielt die Bedeutung von Orakelsprüchen herab. Schließlich berichtet Iokaste ihre Version vom Mord an Laios, und daß ihr gemeinsames Kind mit Laios, kaum drei Tage alt, mit gefesselten und durchbohrten Füßen in einem unzugänglichen Gebirge ausgesetzt worden sei. Ödipus wird immer beunruhigter und erklärt Iokaste den Grund seiner Besorgnis. Sein Vater sei Polybos, König von Korinth, seine Mutter sei Königin Merope. Jedoch habe ihm eines Tages ein Betrunkener erzählt, daß er nur ein untergeschobenes Kind sei. Da er von seinen Eltern keine Antwort erhielt, beschloß er sich an das Orakel in Delphi zu wenden. Aber auch dieses habe ihm lediglich ein furchtbares Schicksal vorausgesagt, er werde seine Mutter heiraten, verfemte Nachkommen zeugen und seinen Vater töten. Daraufhin habe er sich nicht mehr nach Korinth zurückgewagt, sondern sei ziellos durch die Lande gestreift. So sei er auch an jenen Kreuzweg in Phokis gelangt, an dem nach Iokastes Darstellung Laios umgekommen ist. Dort sei ein Kampf entbrannt, als ein mit Pferden bespannter Wagen ihm mutwillig den Weg streitig gemacht habe; er habe zuerst den Mann im Wagen, dann den Wagenlenker erschlagen. Falls dieser Mann Laios gewesen sei, so sei er selbst der elendste unter allen Menschen.

Ein Bote aus Korinth meldet, daß das Volk von Korinth Ödipus zu seinem König machen möchte, denn Polybos sei hochbetagt an einer Krankheit gestorben. Orakel haben offensichtlich keine Bedeutung. Iokaste zerstreut die Besorgnis noch dazu mit den Worten:

„Du aber, was die Ehe betrifft mit deiner Mutter, habe keine Angst!
So mancher Sterbliche hat auch im Traume schon geschlafen mit der Mutter. Doch wem derlei

Für nichts gilt, trägt am leichtesten das Leben!"
(K. Ö., Steinmann 980–983)

Der Bote berichtet auch, daß er das Kind, das er im Kithairongebirge mit durchbohrten Füßen (griechisch Oidipus = Schwellfuß) gefunden habe, von einem Diener des Laios erhalten habe. Dieser Diener wird aufgespürt und zu Ödipus gebracht. Er erzählt zögernd, daß er ein Kind aus dem Palast des Laios, einen Sohn von Laios und Iokaste, dem Boten aus Korinth gegeben habe. Iokaste selbst müsse mehr darüber wissen, denn sie habe ihm das Kind ausgehändigt, damit es umkommen soll; ein Orakel habe vorausgesagt, daß es seine Eltern töten werde. An diesem Punkt versteht Ödipus alle Zusammenhänge und bricht in Verzweiflung aus:

„Iu! Iu! Das Ganze wäre klar heraus!

O Licht, zum letzten Mal will ich dich schauen jetzt.

Es trat zutage: entstammt bin ich, von wem ich nicht gesollt, verkehr, mit wem Ich nicht gesollt, und hab erschlagen, wen ich nicht gedurft!"
(K. Ö., Steinmann 1182–1185)

Er stürzt Iokaste in den Palast nach und, nachdem er die doppelten Türen von Iokastes Gemach mit Gewalt gesprengt hat, findet er sie erhängt auf. Ödipus löst den Strick, reißt die Nadeln aus ihren Kleidern und sticht sich damit die Augen aus:

„Denn er riß des Gewandes goldgetriebne

Spangen von ihr ab, womit sie sich zu schmücken pflegte,

Erhob und schlug sie in die Höhlen seiner eignen Augenkreise

Und schrie so ungefähr: dies sei, daß sie nicht sehen sollten,

Die er erlitten noch die er getan, die Übel,

Sondern im Dunkel sollten künftig die sie sehn,

Die nicht hätten sehen dürfen, und jene, die sie hätten sehen wollen, nicht erkennen."
(K. Ö., Steinmann 1268–1274)

Als Ödipus aus dem Palast taumelt, flößt sein Anblick dem Chor Grauen ein. Ödipus beklagt seine Taten und sein Schicksal. Apollo habe es so gewollt, aber er selbst habe sich das Augenlicht genommen. Er wolle in das Gebirge verbannt werden, um dort zu sterben, wie seine Eltern es schon seinerzeit gewollt haben. Das Drama schließt der Chor mit folgenden Worten:

„O Bewohner Thebens, meiner Vaterstadt! Sehet, dieser Ödipus,

Der die berühmten Rätsel löste, mächtig wie kein zweiter war,

Er, auf dessen Glück ein jeder Bürger sah mit Neid,

In welch große Brandung ungeheuren Schicksals er geriet!

Drum blicke man auf jenen Tag, der zuletzt erscheint,

Und preise keinen, der da sterblich, selig, eh er denn

Zum Ziel des Lebens durchgedrungen, ohne daß er Schmerz erlitt."
(K.Ö., Steinmann 1524–1530)

Der Ödipuskomplex

Defintion: Auf der **phallischen Stufe** wählt sich das Kind zum ersten Mal ein umschriebenes Sexualobjekt, sodaß seine sexuellen Empfindungen auf diesen Menschen hin ausgerichtet sind, d. h. daß sie vorwiegend von Vorstellungen dieses Objektes begleitet werden. Die Hauptquelle sexueller Lust in diesem Stadium, die kindliche Onanie, geht dementsprechend mit „Sexualphantasien" mit diesem Objekt einher. Im Gegensatz zur frühen genitalen Phase gegen Ende des 2. Lebensjahres ist die ödipale Phase (2. bis 5. Lebensjahr) eine **trianguläre, objektorientierte Konstellation.** Im allgemeinen werden verschiedene Ausprägungen dieser Dreierbeziehung unterschieden.

Der **vollständige Ödipuskomplex** besteht aus einer positiven Form und einer negativen.

Der **positive Ödipuskomplex** beschreibt eine Organisationform der Liebes- und Haßregungen des ödipalen Kindes seinen Eltern gegenüber in der eben dargestellten Form des Dramas von Sophokles: das Kind empfindet heftige, leidenschaftliche sexuelle Wünsche dem gegengeschlechtlichen Elternteil gegenüber, während der gleichgeschlechtliche wegen seiner Rolle als Rivale gehaßt wird.

Der **negative Ödipuskomplex** umfaßt die Liebesempfindungen dem gleichgeschlechtlichen Elternteil gegenüber, während die Haßregungen dem gegengeschlechtlichen gelten.

Die **individuelle Ausprägung eines Ödipuskomlexes** richtet sich nach der Vorgeschichte (prägenitale Entwicklung) und den realen Gegebenheiten, die das Kind als Familienkonstellation vorfindet: gibt es überhaupt reale Eltern? Wie stehen die beiden zueinander und zu dem Kind? Gibt es Geschwister? etc. Kinder in Institutionen werden andere ödipale Muster entwickeln als Kinder in Kleinfamilien, Einzelkinder wieder andere als Kinder in einer längeren Geschwisterreihe, etc. Auch konstitutionelle Determinanten werden immer wieder diskutiert. Wesentlich ist, daß das Gefühlsleben des Kindes in seiner Leidenschaftlichkeit (Inzestphantasien einerseits, mörderische Wut auf den Rivalen andererseits) zu schweren Konflikten Anlaß gibt. Der Umgang mit diesen Wünschen und die Ergebnisse der Abwehrkämpfe gegen sie bestimmen ganz entscheidend darüber, ob das Individuum später eine gesunde erwachsene Sexualität und Objektbeziehungen entwicklen wird können oder ob sich neurotische oder noch ernstere psychische Krankheiten bei den leichtesten Enttäuschungen des späteren Lebens ausbilden werden.

Der Ödipuskomplex geht beim **Knaben** relativ abrupt an der Kastrationangst zugrunde, d. h. der Knabe verzichtet auf die Erfüllung seiner Wünsche in der Form onanistischer Betätigungen, um seinen Penis zu retten. In seinen Phantasien und Tagträumen leben getarnte Abwandlungen der ursprünglichen ödipalen Wünsche fort und haben einen entscheidenden Einfluß auf fast alle weiteren psychischen Entwicklungen. Der Untergang des Ödipuskomplexes hinterläßt im Individuum eine psychische Bildung, die die Beziehung zu den Eltern und die Abhängigkeit von ihnen intrapsychisch fortsetzen wird, andererseits aber durch diese Internalisierung auch ein hohes Maß an Unabhängigkeit von den Zuwendungen von Außen garantiert. Diese psychische Bildung ist das Über-Ich, das als Erbe des Ödipuskomplexes bezeichnet wird.

Der **Untergang des Ödipuskomplexes** vollzieht sich bei **Mädchen** typischerweise weniger dramatisch und weniger vollständig. Nicht die Kastrationsdrohung, die beim Mädchen den Ödipuskomplex erst einleitet, indem sie den Wechsel von der Mutter zum Vater ermöglicht, sondern vielmehr die Angst vor Liebesverlust oder die Enttäuschung in ihren kindlichen Wünschen durch den Vater leiten den Untergang des Ödipuskomplexes und die entgültige Über-Ich-Bildung beim Mädchen ein.

Mit der **Bildung des Über-Ichs** leiht sich das Ich von den Eltern quasi deren Stärke, um die verpönten und gefährlichen Strebungen, die den Ödipuskomplex ausmachten, zu unterdrücken; gleichzeitig verändern sich auch eine ganze Reihe von psychischen Funktionen:

● Angst verwandelt sich teilweise in Schuldgefühl
● Objektverlust, Liebesverlust und Kastrationsangst sind nicht mehr die vorrangigen Gefahren, die das Ich fürchtet, sondern diese Gefahrensituationen werden durch die innere Gefahr „Verlust des Schutzes des Über-Ichs" und „innere Bestrafung durch das Über-Ich" abgelöst und teilweise ersetzt;
● das narzißtische Gleichgewicht ist nicht mehr ausschließlich von äußerer Zufuhr abhängig (das Selbstwertgefühl ist nicht mehr nur davon bestimmt, was äußere Objekte von einem halten, sondern richtet sich immer mehr danach, ob das, was man tut bzw. was man getan hat, den eigenen inneren Normen entspricht): Selbstlob und Selbstliebe als Konsequenz der Einhaltung von moralischen Wertvorstellungen und Idealen;
● „innere Stimme des Gewissens";
● kritische Selbstbeobachtung;
● Selbstbestrafung bzw. Verlangen nach Wiedergutmachung und Reue, wenn man etwas Unrechtes getan zu haben glaubt;

Der Untergang des Ödipuskomplexes führt zur Ausbildung und Festigung von psychischen Strukturen, die für die psychische Gesundheit und Krankheit des einzelnen entscheidend sein werden. Nicht das Vorhandensein oder das Fehlen eines Ödipuskomplexes ist dabei von Belang – können doch auch bei Normalen in ihren Träumen ohne große Schwierigkeiten ödipale Konstellationen nachgewiesen werden – , eine neurotische Veranlagung ergibt sich vielmehr aus einer mangelhaften Überwindung des Ödipuskomplexes.

Die Latenz

Definition: Entwicklungsphase, die sich **vom Abschluß der infantilen Sexualität bis zum Beginn der Pubertät** erstreckt und durch einen **Stillstand in der Sexualentwicklung** gekennzeichnet ist. Latenz bedeutet nicht, wie es die wörtliche Interpretation des Namens nahelegt, daß in dieser Zeit keine Triebregungen vorhanden wären (daß die Sexualität eben latent sei) – sexuelle Gefühle, die sich in Onanie, Voyeurismus, Exhibitionismus und sadomasochistischen Phantasien/Handlungen ausdrücken, sind sehr wohl von Bedeutung – , sondern daß in dieser Entwicklungsperiode **kein neues Triebziel** erscheint, während Ich und Über-Ich eine wachsende Kontrolle über die Triebe erreichen. Die spezifische Bedeutung der Latenz liegt darin, daß das Kind durch sie den richtigen Zugang zur Adoleszenz findet, in diese eintreten kann und durch sie erfolgreich hindurchkommt.

Der Untergang des Ödipuskomplexes und die endgültige Errichtung des Über-Ichs führt zu deutlichen Veränderungen sowohl im Verhalten des Kindes wie auch in seinen intrapsychischen Vorgängen. Da sich die Triebforderungen nicht wesentlich verändern, muß als Ursache dafür eine Änderung im Ich angenommen werden. Diese Änderung des Ichs wird hauptsächlich durch die Aufgabe der ödipalen Objektbesetzungen und deren Ersetzung durch Identifizierungen erreicht. **Diese Verschiebung der Besetzung vom äußeren zum inneren Objekt** ist eines der wesentlichsten Merkmale der Latenz. Für dieses Entwicklungsstadium, für das ebenso wie für die bereits erwähnten konstitutionelle („Natur") wie auch kulturelle („Mensch") Faktoren beschrieben werden konnten, wurde der Name Latenz gewählt, um zu unterstreichen, daß sich die Sexualentwicklung in einem relativen Ruhezustand befindet.

Bei der Latenz, die von etwa 6 bis 10 anzusetzen ist, unterscheidet man zwei Stufen:

- die erste, von etwa 5 1/2 bis 8, zeichnet sich durch eine allgemeine größere Strenge des Über-Ichs und durch ein deutliches Andrängen der verschiedenen Triebwünsche aus. Das Ich sucht in diesem Zweifrontenkrieg sehr leicht die Rettung in der Regression auf frühere, meist prägenitale Triebwünsche. Diese Neigung zu Regressionen auf ein prägenitales Triebniveau scheint bei Knaben deutlicher ausgeprägt zu sein als bei Mädchen. Die Mädchen treten weniger konfliktbeladen in die Latenz ein und zeigen weiterhin mehr oder weniger ausgeprägt und mehr oder weniger entstellt ödipale Strebungen.

- In der zweiten Hälfte der Latenz verlieren die Triebe etwas von ihrer gefährlichen Dringlichkeit und das Über-Ich ist weniger streng, sodaß sich das Ich vermehrt der Anpassung an die Realität widmen kann. Letzteres entspricht dem Bild, das wir uns im allgemeinen von einem Latenzkind zu machen pflegen: das Schulkind, das die offenen sexuellen Aktivitäten deutlich einschränkt und sich neuen, sozialen Zielen zuwendet. Auch die Ambivalenz, die die Ojektbeziehungen bis dahin auszeichnet, ist nicht mehr so ausgeprägt. Strengere innere Kontrolle erlaubt logisch motivierte Handlungen und wertgerichtete Haltungen, höhere geistige Funktionen kommen in Gebrauch und erreichen eine gewisse Autonomie. Die Verwendung des Körpers als Ausdrucksinstrument für innere Vorgänge tritt in den Hintergrund (Latenz als „Reduktion im Ausdrucksgebaren des ganzen Körpers, Zunahme der Fähigkeit des vom Motorischen getrennten, sprachlichen Ausdrucks"; KRIS, Das Lachen als mimischer Vorgang, 1939). Sogar die Sprache ändert sich: in der Latenz und der Adoleszenz wird der Gebrauch von Metaphern eingeführt; was vorher als Emotion die körperlichen Ausscheidungsvorgänge begleitete, findet nun ersatzweise seinen sprachlichen Ausdruck in einer metaphorischen Sprache. Die Beherrschung der Funktion der Körperöffnungen ist auch hier die Voraussetzung für den Erwerb und unbewußte Grundlage von höheren geistigen Funktionen: so kompensiert die Zunahme künstlerischer Ausdrucksfähigkeit den Verlust an körperlicher Spontaneität.

Auch in der Latenz können **deutliche Geschlechtdifferenzen** wahrgenommen werden: Buben spielen vorwiegend Spiele, die ihre Aggression in dem Festlegen genauer Regeln (von „Fairneß") besonders bei sportlichen Spielen zu kanalisieren versuchen. Mädchen neigen eher zu rhythmischen Spielen, wobei die entwickelten Regeln ebenfalls dazu da sind, physische Aggression zu binden; verbale Aggressionsäußerungen im Spiel, die häufig der Mutter gelten, treten eher recht offen zutage, ebenso wie wenig entstellte sexuelle Anspielungen. Mädchen geben die direkten Formen von Masturbation häufig beim Eintritt in die Latenz ganz auf, während die Onanie bei Buben in diesem Alterabschnitt geringeren Einschränkungen unterworfen ist. Eine vollständige Hemmung jeglicher Sexualäußerungen ist für beide Geschlechter ein Zeichen ernsterer psychischer Probleme.

Als entscheidend für den **Eintritt in die Pubertät** (und der damit verbundenen erhöhten Triebzufuhr) und deren Verlauf wird der Erwerb und die Verbesserung folgender Ichfunktionen und Ichleistungen angesehen: das Ich muß eine ausreichende Abgrenzung gegenüber dem Es erreichen und damit eine ausreichende (Ich-)Autonomie erwerben (d. h. das Ich muß widerstandsfähig gegen triebbedingte Regression geworden und in der Lage sein, seine Integrität auch ohne die ständige Unterstützung der Außenwelt zu bewahren); mit dieser Ichautonomie werden die Ichfunktionen der Antizipation, der Spannungstoleranz, der Selbstwahrnehmung und der Realitätsprüfung (der Unterscheidung von Realität und Fantasie, von tatsächlicher Handlung und Gedanken, von Primär- und Sekundärprozeß) gefestigt und weiterentwickelt. Nur dadurch können die mit der Pubertät einsetzenden regressiven Bewegungen bewältigt und ohne Schaden ertragen werden. Mit diesen Erwerbungen ist es dem Kind möglich, die andrängenden Triebenergien der Pubertät auf eine große Zahl von psychosozialen Betätigungen und Ichleistungen umzulenken, anstatt sie lediglich als eine Zunahme sexueller oder aggressiver Spannungen zu erleben, für die oft keine entsprechenden Kanalisierungs- und Befriedigungsmöglichkeiten gegeben sind.

Die Adoleszenz (Pubertät)

Definition: Entwicklungsperiode, in der die Sexualentwicklung wieder aufgenommen wird, die **inzestuösen Bindungen aufgelöst** werden sollen und in der der Jugendliche seine **Identität als Erwachsener im Bereich der Sexualität, der Objektbeziehungen** und der **sozialen Rollen** entwickeln und festigen können muß. Verkürzt kann man sagen, daß die Pubertät ein Werk der Natur ist (körperliche Reifungsvorgänge, erhöhter Triebdruck etc.), während die Adoleszenz einem Werk des Menschen entspricht (Identitätsbildung, soziale Anpassungsvorgänge etc.).

Die **Phasen der Adoleszenz** umfassen:

● die Präadoleszenz,
● die Frühadoleszenz,
● die eigentliche Adoleszenz,
● die Spätadoleszenz,
● die Postadoleszenz.

Neben dieser typischen Adoleszenzentwicklung (fortschreitende Persönlichkeitsentwicklung in Übereinstimmung mit dem Pubertätswachstum und der neuen sozialen Rolle) kennen wir folgende **Abweichungen:**

● die **protrahierte Adoleszenz** (kulturell verlängerte Adoleszenz);
● die **abgekürzte Adoleszenz** (auf Kosten einer ausgereiften Persönlichkeitsentwicklung wird der kürzeste Weg zum erwachsenen Funktionieren gewählt; am besten als eine „Primitivisierung der Persönlichkeit" zu beschreiben, die infolge unzureichender Sexualhemmungen, deren Ausbildung eine wesentliche Komponente der Latenz darstellt, zu Sexualäußerungen neigt, die – einerseits wegen des unfertigen Zustandes der Sexualhemmungen und andererseits wegen des unentwickelten Sexualsystems – nur den Charakter der Perversion tragen können);
● die **simulierte Adoleszenz** (eine unzureichende Latenzperiode wird zum Ausgangspunkt für eine Scheinadoleszenz, die lediglich eine Trieborganisation aus der Zeit der infantilen Sexualentwicklung wiederholt; emotionale Unreife im Sinne einer „Latenzperiode in Permanenz");
● die **prolongierte Adoleszenz** (infolge einer überhöhten Besetzung adoleszenter Ich-Zustände verharrt das Individuum in einem Zustand andauernder Adoleszenz),
● die **traumatische Adoleszenz** (infolge Unfähigkeit des Ichs, mit den andrängenden Triebansprüchen in adäquater Form umzugehen, entsteht ein ausgeprägtes Agieren),
● die **abortive Adoleszenz** (infolge eines psychotischen Zusammenbruchs können die Aufgaben der Adoleszenz nicht weiter verfolgt werden, ein Verlust des Kontakts mit der Realität und ein Versagen in den üblichen differenzierten intellektuellen Aufgaben dieser Lebensphase sind die Folge).

Die Präadoleszenz

Die Präadoleszenz beendet die Latenz durch eine deutliche Zunahme des Triebdruckes, der zu einer wahllosen Besetzung der libidinösen und aggressiven Befriedigungsmöglichkeiten aus den ersten Kinderjahren führt. Noch kann weder ein neues Triebziel noch ein neues Liebesobjekt festgestellt werden. Im Rückgriff auf infantile Wünsche unterscheiden sich allerdings Mädchen und Knaben sehr:

Knaben wenden sich prägenitalen Triebmanifestationen zu, der Wunsch nach dem Kind (wie die Mutter schwanger zu werden und ein Kind zu gebären) und andere unbewußte feminine Fortpflanzungsfantasien spielen erneut eine wichtige Rolle. Die Bewältigung dieser Wünsche (Aufgeben des Neides gegenüber der Frau) stellt das zentrale Konfliktpotential der männlichen Präadoleszenz dar: massive Kastrationsangst gegenüber der phallischen (prägenitalen) Mutter, die durch Identifizierung mit ihr gemildert werden kann (ein Vorgang, gegen den ebenfalls eine Abwehr errichtet werden muß und dessen Abwehr durch viele Initiationsriten quasi sozial unterstützt wird); die häufigste Methode jedoch, sich der auftretenden Kastrationsangst zu erwehren, ist eine Abwehr der Angst durch homosexuelle Einstellungen (**„homosexuelles Stadium der Präadoleszenz"**). Diese Zuwendung zum eigenen Geschlecht bedeutet für den präadoleszenten Knaben ein Ausweichmanöver vor seiner überwältigenden Kastrationsangst. Im manifesten Verhalten zeigt der Knabe mädchenfeindliche Einstellungen, er schließt sich mit anderen Knaben zu Banden zusammen und behauptet, froh zu darüber sein, ein Bub zu sein.

Die Notwendigkeit einer massiven Verdrängung der Prägenitalität bei **Mädchen**, um in die ödipale Phase eintreten zu können, und die diese Verdrängung motivierende schwere Enttäuschung an der Mutter als kastrierter Frau sind die Ursache dafür, daß sich das präadoleszente Mädchen vor der Aufgabe sieht, den regressiven Zug in die Prägenitalität durch eine Übertreibung ihrer Heterosexualität abzuwehren. Statt sich die prädödipale Mutter zum Liebesobjekt zu wählen, identifiziert sich das Mädchen vorübergehend mit ihrem aktiven, phallischen Bild („Amazone", oft in der Verkleidung des „Vamp"). Die **phallische Qualität dieser Heterosexualität** (das präadoleszente Mädchen ist in diesem Sinne nicht „feminin", sondern Angreiferin und Verführerin in einem Pseudoliebesspiel) erlaubt es auch, daß sich die Mädchen für diese kurze Zeit allem gewachsen fühlen und sich als „komplett" erleben können. Im manifesten Verhalten zeigen sich ein deutliches jungenhaftes Benehmen und ein intensiver Prozeß der Anpassung an die Realität (um das Wiederauftauchen der prägenitalen Strebungen so zu verhindern).

Die Frühadolsezenz

Auch in der Frühadoleszenz gibt es keinen engen Parallelismus in der Entwicklung von Knaben und Mädchen. Bei beiden Geschlechtern spielt die **Freundschaft** eine wesentliche Rolle, wobei das Objekt der Freundschaft **idealisiert wird.**

Eine typische Form der Idealisierung ist **beim Mädchen der „Schwarm",** gleichgültig ob dies ein Mann oder eine Frau ist. Das Objekt solcher Schwärmerei wird passiv geliebt, wobei das Ziel dieser erotisierten und idealisierten Beziehung darin besteht, etwas Aufmerksamkeit und Zuneigung zu erlangen. Dieses Stadium schwärmerischer Mädchenliebe ist eigentlich ein bisexuelles Zwischenstadium zwischen der phallischen Einstellung der Präadoleszenz und der Entwicklung einer erwachsenen Feminität, wie sie sich in der eigentlichen Adoleszenz ausbilden soll. Diese bisexuelle Einstellung mit einer mehr oder weniger verschwommenen Körperwahrnehmung findet ihren Ausdruck in allen möglichen Betätigungen und Tagträumen. Erst die geglückte Ablenkung dieser bisexuellen Libido auf den ganzen Körper erlaubt es dem Mädchen, Erfüllung nicht mehr in sich selbst, sondern in heterosexuellen Beziehungen zu suchen.

Knaben wenden sich ebenfalls Freundschaften zu, in denen eine **Idealisierung des Freundes** möglich wird. Die Objektwahl folgt einem narzißtischen Schema, wobei derjenige geliebt wird, der die Qualitäten besitzt, ohne die das Ich sein Ideal nicht erreichen kann.

Die wesentlichste psychologische Aufgabe dieser frühadoleszenten Liebesbeziehungen ist die **Ausbildung eines Ichideals,** das wie das Über-Ich via Internalisierung (Identifizierung) dieser idealisierten Objektbeziehung, die sonst zur Homosexualität führt, entsteht. Die „Selbstherrlichkeit" des kleinen Kindes wird im Verlauf der Erziehung durch die Eltern zum ersten Male schmerzlich eingeschränkt; durch die Errichtung des Über-Ichs rettet sich das Kind den verbleibenden Teil an möglicher Selbstachtung. Diese Einschränkungen eines Gefühls der Vollkommenheit, das für das Kind noch herstellbar ist, solange es sich als Teil seiner (vollkommenen) Eltern erleben kann, wird durch die Ausbildung der Instanz eines Ich-Ideals ausgeglichen und auf eine realistische psychologische Basis gestellt. Selbstachtung ist von nun an abhängig von der Einhaltung der Normen des Über-Ichs und der Zustimmung des Ich-Ideals infolge der Erfüllung von Idealen.

Knaben wie Mädchen beginnen sich im Verlauf der Frühadoleszenz von den (ödipalen) infantilen Objektbindungen zu lösen und sich extrafamiliären Objekten zuzuwenden. Diese **Ablösung von den inzestuösen Liebesobjekten** gibt der Frühadoleszenz ihren spezifischen Charakter. Mit dem Nachlassen der bisexuellen Tendenzen, der Errichtung eines verläßlichen Ich-Ideals, das die idealisierten Beziehungsobjekte wiederum auf ein realistisches Maß schrumpfen läßt, ist das Stadium der Frühadoleszenz abgeschlossen.

Die eigentliche Adoleszenz

Die **Lösung vom ödipalen Elternteil und die Ausbildung einer bleibenden Trieborganisation in einer geschlechtsgerechten Ausarbeitung von Feminität und
Maskulinität** prägt das Bild der eigentlichen Adoleszenz. Die psychologische Aufgabe, vor der der Jugendliche steht, nämlich der Anpassung an diese neue Situation
nichtinzestuöser Objektbeziehungen, wäre vielleicht leichter, wären diese Bedingungen tatsächlich völlig neu. Was der Jugendliche aber wirklich zu bewältigen hat, ist
das Wiederaufflammen alter Konflikte aus der Zeit des Ödipuskomplexes. Die Pubertät mit der biologischen Verstärkung des Sexualtriebes führt nämlich zu einer Zunahme der gesamten Sexualität, und mit der Wiederkehr infantiler Impulse kehren auch
die infantilen Ängste wieder. Diese Konflikte werden unter den gegenwärtigen kulturellen Bedingungen in der Form von **Konflikten um die Masturbation** erfahren,
die auf das Erlebnis des Geschlechtsverkehrs vorbereiten soll und die vorerst zum
Hauptträger sexuellen Lustgewinns wird, wenn die Verdrängung der infantilen Masturbation nicht allzu intensiv war. Auf diese Masturbationskonflikte werden die
wiederbelebten ödipalen Konflikte verschoben.

Die Jugenlichen reagieren unterschiedlich auf diese Ängste und Schuldgefühle:
entscheiden sie sich mehr für die Triebimpulse und versuchen sie die damit entstehende Angst zu bekämpfen, wird daraus üblicherweise ein Kampf gegen die Eltern, die
für das Verbot stehen, das diese Angst verursacht. Sie können sich aber auch für Angst
und für die Eltern entscheiden, dann bekämpfen sie ebenso wie ihre Triebäußerungen
auch ihre Tendenzen zur Auflehnung gegen die Eltern. Charakteristisch für die Pubertät ist, daß der Jugendliche im allgemeinen beides gleichzeitig zu machen versucht,
oder wenigstens in rascher zeitlicher Abfolge, sodaß sich asketische Tendenzen und
triebhaftes Ausagieren in scheinbarem Widerspruch abwechseln. Die typischen
pubertären Gruppenbildungen dienen der Bewältigung dieser Konflikte und bewahren
den Jugendlichen vor dem Rückzug in eine asketische Einsamkeit. Das Entwick-
lungsziel der Pubertät ist erreicht, wenn die Sexualität derart in die Persönlichkeit integriert werden konnte, daß die Fähigkeit zum Orgasmus mit der Fähigkeit zu zärtlichen,
nichtinzestuösen Objektbeziehungen in Einklang gebracht werden konnte. Die dafür
notwendigen Abwehrmaßnahmen des Ichs machen die individuellen Verschieden-
heiten der Adoleszenz verständlich. Die eigentliche Adoleszenz entwickelt einen
inneren Kern von individuellen Strebungen und Einstellungen, die auf die oft sehr
beunruhigende Frage des Heranwachsenden **„Wer bin ich eigentlich?" erste
brauchbare und innere Sicherheit gewährende Antworten** ermöglichen.

Die Spätadoleszenz

In der Spätadoleszenz werden diese vorerst noch recht unsicheren Antworten weiter
ausformuliert, sodaß eine positive und selbstverständliche Selbsteinschätzung gelingt:

„Das bin ich!" In diesem Selbstverständnis müssen die entstehenden Widersprüche und die das Gleichgewicht störenden Spannungen nicht verleugnet oder anderswie verdrängt werden, sondern sind zu einem integralen Bestandteil der so entstandenen Persönlichkeitsstruktur geworden. Damit ist die stabile **Ausbildung einer Ich-Identität** als phasenspezifische Leistung der Spätadoleszenz zu bezeichnen, die mit Hilfe der synthetischen Funktionen des Ichs erreicht werden muß.

Die Postadoleszenz

Mit der Postadoleszenz wird eine Übergangsphase zum Erwachsensein beschrieben, in deren Verlauf der Jugendliche fester in der Gesellschaft verankert werden soll. Insofern schafft sie einen **sicheren Halt im Erwachsenenleben** und bringt den Adoleszenzprozeß zum Abschluß.

8. Vorlesung

Narzißmus

Lehrziel:
Psychoanalytische Vorstellungen über die Beziehungen zu einem selbst (Narzißmus) und über Objektbeziehungen; pathologischer Narzißmus

Weiterführende Litaratur:
Sigmund FREUD:
- Eine Kindheitserinnerung des Leonardo da Vinci, 1910;
- Psychoanalytische Bemerkungen über einen autobiographisch beschriebenen Fall von Paranoia (Dementia paranoides), 1911;
- Zur Einführung des Narzißmus, 1914; in: Gesammelte Werke, S. Fischer;

M. S. MAHLER, F. PINE und A. BERGMAN: Die psychische Geburt des Menschen, S. Fischer.

Stichworte:
Narzißmus, primärer und sekundärer; Narzißmus als Entwicklungsphase; Narzißmus und psychische Struktur; Narzißmus und Objektbeziehungen; autistische Phase; symbiotische Phase; Phase der Separation und Individuation; Narzißmus und Selbstwertregelung; das Selbst; das Ich-Ideal; Narzißmus und Psychopathologie; narzißtische Charakterzüge und narzißtische Persönlichkeitsstörungen

Die griechische Sage von Narcissus

Aus der griechischen Mythologie stammt die Erzählung von dem schönen Jüngling Narkissos, der die Liebe der Nymphe Echo verschmäht und deshalb von Aphrodite mit unstillbarer Selbstliebe bestraft wird. Beim Trinken beugt er sich über eine Quelle und verliebt sich in sein eigenes Bild. Da ihm der Gegenstand seiner Liebe unerreichbar bleibt, verzehrt er sich immer mehr vor Sehnsucht, bis er schließlich in die nach ihm benannte Narzisse (narke = Betäubung) verwandelt wird.

Freuds Narzißmus-Theorie

Der **Terminus „Narzißmus"** stammt aus der klinischen Deskription und wurde 1898 von Havelock Ellis als Beschreibung einer psychischen Einstellung und 1899 von Paul

Näcke zur Bezeichnung einer sexuellen Perversion, in der das Hauptobjekt der eigene Körper ist, eingeführt.

Freud hatte am 10. November 1909 „in der Wiener Vereinigung gesagt, der Narzißmus sei ein notwendiges Übergangsstadium zwischen der Stufe des Autoerotismus und der des Alloerotismus" (E. Jones, 1962, Das Leben und Werk von Sigmund Freud, Bd. II, 322).

Die ersten schriftlichen Äußerungen finden sich in einer im Dezember 1909 zur zweiten Auflage der „Drei Abhandlungen" hinzugefügten Fußnote und in Freuds Arbeit über Leonardo da Vinci („Eine Kindheitserinnerung des Leonardo da Vinci"):
„Nach diesem Vorstadium (einer sehr intensiven erotischen Bindung an eine weibliche Person, in der Regel an die Mutter, hervorgerufen oder begünstigt durch die Überzärtlichkeit der Mutter selbst) tritt eine Umwandlung ein, deren Mechanismus uns bekannt ist, deren treibende Kräfte wir noch nicht erfassen. Die Liebe zur Mutter kann die weitere bewußte Entwicklung nicht mitmachen, sie verfällt der Verdrängung. Der Knabe verdrängt die Liebe zur Mutter, indem er sich selbst an deren Stelle setzt, sich mit der Mutter identifiziert und seine eigene Person zum Vorbild nimmt, in dessen Ähnlichkeit er seine neuen Liebesobjekte auswählt. Er ist so homosexuell geworden; eigentlich ist er in den Autoerotismus zurückgeglitten, da die Knaben, die der Heranwachsende jetzt liebt, doch nur Ersatzpersonen und Erneuerungen seiner eigenen kindlichen Person sind, die er so liebt, wie die Mutter ihn als Kind geliebt hat. Wir sagen, er findet seine Liebesobjekte auf dem Wege des Narzißmus, da die griechische Sage einen Jüngling Narzissus nennt, dem nichts so wohl gefiel wie das eigene Spiegelbild, und der in die schöne Blume dieses Namens verwandelt wurde". (S. Freud, 1910, Ges. W. VIII, 170).

In der Abhandlung über den Fall Schreber („Psychoanalytische Bemerkungen über einen autobiographisch beschriebenen Fall von Paranoia (Dementia paranoides)"), die auf den Aufzeichnungen von Daniel Paul Schreber, 1842–1911, („Denkwürdigkeiten eines Nervenkranken", erschienen 1903 in Leipzig), dem Sohn des bekannten Arztes und Sozialpädagogen Daniel Gottlieb Moritz Schreber, fußten, führte Freud seine Theorie des Narzißmus weiter aus:
„Untersuchungen der letzten Zeit haben uns auf ein Stadium der Entwicklungsgeschichte der Libido aufmerksam gemacht, welches auf dem Wege vom Autoerotismus zur Objektliebe durchschritten wird. Man hat es als Narzissismus bezeichnet; ich ziehe den vielleicht minder korrekten, aber kürzeren und weniger übelklingenden Namen Narzißmus vor. Es besteht darin, daß das in der Entwicklung begriffene Individuum, welches seine autoerotisch arbeitenden Sexualtriebe zu einer Einheit zusammenfaßt, um ein Liebesobjekt zu gewinnen, zunächst sich selbst, seinen eigenen Körper zum Liebesobjekt nimmt, ehe es von diesem zur Objektwahl einer fremden Person übergeht. Eine solche zwischen Autoerotismus und Objektwahl vermittelnde Phase ist vielleicht normalerweise unerläßlich; es scheint, daß viele Personen unge-

wöhnlich lange in ihr aufgehalten werden, und daß von diesem Zustande viel für spätere Entwicklungsstufen erübrigt. An diesem zum Liebesobjekt genommenen Selbst können bereits die Genitalien die Hauptsache sei. Der weitere Weg führt zur Wahl eines Objekts mit ähnlichen Genitalien, also über die homosexuelle Objektwahl, zur Heterosexualität." (S. Freud, 1911, Ges. W. VIII, 296).

Und 1913, in „Totem und Tabu", stellt er noch einmal fest:

„Die Äußerungen der sexuellen Triebe sind von Anfang an zu erkennen, aber sie richten sich zuerst noch auf kein äußeres Objekt. Die einzelnen Triebkomponenten finden ihre Befriedigung am eigenen Körper. Dies Stadium heißt das des Autoerotismus, es wird von dem der Objektwahl abgelöst. Es hat sich bei weiterem Studium als zweckmäßig, ja als unabweisbar gezeigt, zwischen diesen beiden Stadien ein drittes einzuschieben, oder, wenn man so will, das erste Stadium des Autoerotismus in zwei zu zerlegen. In diesem Zwischenstadium, dessen Bedeutsamkeit sich der Forschung immer wieder aufdrängt, haben die vorher vereinzelten Sexualtriebe sich bereits zu einer Einheit zusammengesetzt und auch ein Objekt gefunden; dies Objekt ist aber kein äußeres, dem Individuum fremdes, sondern es ist das eigene, um diese Zeit konstituierte Ich." (S. Freud, 1912–13, Ges. W. IX, 109).

Aus diesen Zitaten geht hervor, daß das Konzept des Narzißmus von Anfang an für sehr unterschiedliche Phänomene verwendet wird. Bis heute wird „Narzißmus" bzw. „narzißtisch" in zumindest drei verschiedenen Bedeutungen eingesetzt:

1. für **eine psychosexuelle Entwicklungsstufe,** die zwischen dem Autoerotismus und der Objektliebe liegt;
2. für die **Charakterisierung einer besonderen Art von Objektbeziehung** (narzißtische Objektbeziehung);
3. für die **Bezeichnung verschiedener Arten von Selbstwertgefühl und Selbstwertregulationsprinzipien** (Selbstachtung – Selbstüberschätzung – Selbstunsicherheit).

Autoerotismus – Narzißmus – Objektbeziehung

Alloerotismus

Definition: Sexuelle Aktivität, die ihre Befriedigung dank einem äußeren Objekt findet.

Autoerotismus

Definition: Autoerotismus ist eine Phase der Libidoentwicklung, in der sexuelle Lust oder Befriedigung durch bestimmte Manipulationen an den erogenen Zonen gesucht wird, ein Sexualobjekt jedoch nocht nicht gekannt wird. Autoerotismus und autoerotische Betätigungen sind objektlose Zustände, jeder erregte Partialtrieb oder jede erregte Zone drängt unabhängig von den anderen nach Befriedigung.

Narzißmus (als Entwicklungsstufe der Libido)

Definition: Auf der nächsten, der dem Autoerotismus folgenden Stufe der Libidoentwicklung werden die verschiedenen Partialtriebe zusammengefaßt und nehmen das Selbst zum Liebesobjekt. Narzißmus wird in diesem Zusammenhang als die libidinöse Besetzung des Selbst definiert. Freud unterscheidet bei dieser Konzeptualisierung des Narzißmus zwei Möglichkeiten, den primären Narzißmus und den sekundären.

Der primäre Narzißmus entspricht der beschriebenen Übergangsphase von Autoerotismus zur Objektliebe, wobei im Stadium des primären Narzißmus der eigene Körper zum Sexualobjekt gewählt wird, die Sexualbefriedigung, da sie nicht an bzw. mit einer anderen Person gesucht wird, im strengen Sinne weiterhin autoerotisch zu nennen ist. Der Unterschied zwischen Autoerotismus und primärem Narzißmus wird darin gesehen, daß es im Autoerotismus noch kein Bewußtsein des Selbst gibt. „Es ist eine notwendige Annahme, daß eine dem Ich vergleichbare Einheit nicht von Anfang an im Individuum vorhanden ist; das Ich muß erst entwickelt werden. Die autoerotischen Triebe sind aber uranfänglich; es muß also irgend etwas zum Autoerotismus hinzukommen, eine neue psychische Aktion, um den Narzißmus zu gestalten". (S. Freud, 1914, Ges. W. X, 142).

Der sekundäre Narzißmus bezeichnet eine Rückwendung der von ihren Objektbesetzungen zurückgezogenen Libido. Diese Definition gründet in der Annahme, daß sich die Libidobesetzung des Ichs (genauer des Selbst) gegenüber den „Objektbesetzungen verhält wie der Körper eines Protoplasmatierchens zu den von ihm ausgeschickten Pseudopodien". Die Menge an Libido, die ein Individuum zu einem bestimmten Zeitpunkt zur Verfügung hat, wird als relativ konstante Größe angenommen. „Ichlibido" und „Objektlibido" stehen damit in einer Wechselbeziehung: „Je mehr die eine verbraucht, desto mehr verarmt die andere". (S. Freud, 1914, Ges. W. XIV, 75–76). „…das Ich (muß) vielmehr als ein großes Libidoreservoir angesehen werden, aus dem Libido auf die Objekte entsandt wird, und das immer bereit ist, die von den Objekten rückströmende Libido aufzunehmen." (S. Freud, 1923, Ges. W. XIII, 231). „Die Libido, welche dem Ich durch die... Identifizierung zufließt, stellt dessen ‚sekundären Narzißmus' her". (S. Freud, 1923, Ges. W. XIII, 258). „der Narzißmus des Ichs ist so ein sekundärer, den Objketen entzogener."(S. Freud, 1923, Ges. W. XIII, 257).

Narzißmus (strukturelle Determinanten)
Das Selbst

Mit der Einführung der Strukturtheorie in die Psychoanalyse (1923, „Das Ich und das Es") verwendete Freud den Begriff „Ich" nicht mehr nur in einer der Alltagssprache entlehnten Bedeutung zur Beschreibung von psychologischen Vorgängen, die die eigene Person betreffen und die das Subjekt kennzeichnen sollen, sondern er setzte den

Begriff „das Ich" auch als Terminus im Rahmen struktureller Vorstellungen ein: **das Ich als psychisches System wird jetzt durch seine Funktionen definiert.** Heinz Hartmann („Bemerkungen zur psychoanalytischen Theorie des Ichs", 1950/1972) schlug vor, den Begriff weniger vieldeutig zu gebrauchen, ihn enger zu fassen, d. h. ihn auf seine strukturelle Bedeutung zu reduzieren und ihn vor allem von dem des Selbst scharf zu trennen.

Das Selbst ist die Bezeichnung der unbewußten, vorbewußten und bewußten intrapsychischen Repräsentanzen des körperlichen und seelischen Selbst im System Ich (analog den Objektrepräsentanzen). Das Selbst umfaßt somit einerseits **Vorstellungen über unsere äußere Erscheinung,** unsere Anatomie und Physiologie, andererseits psychische Repräsentanzen **unserer bewußten und vorbewußten Gefühle, Gedanken. Wünsche und Haltungen, unserer physischen und psychischen Funktionen und Verhaltensweisen als Ausdruck unserer köperlichen und psychischen Selbstwahrnehmung.** „Aus den stetig sich vermehrenden Erinnerungsspuren lustvoller und unlustvoller triebhafter, emotionaler, ideationaler und funktionaler Erlebnisse und aus den Wahrnehmungen, mit denen sie assoziativ verknüpft werden, erwachsen Imagines der Liebesobjekte wie auch des körperlichen und seelischen Selbst. Anfänglich vage und veränderlich, erweitern sie sich allmählich und entwickeln sich zu konsistenten und mehr oder weniger realistischen intrapsychischen Repräsentanzen der Welt der Objekte und des Selbst". (E. Jacobson, „Das Selbst und die Welt der Objekte", 1964/1973, 30).

Die Verbindung des Narzißmuskonzepts mit diesen neuen strukturellen Vorstellungen beschreibt narzißtische Phänomene aus der Verschiedenheit aggressiver und libidinöser Besetzungsvorgänge der im Laufe der Ichbildung konstituierten seelischen Repräsentanzen des Selbst; d. h. die Selbstrepräsentanzen können sich in Liebes- und Haßobjekte verwandeln. „Narzißmus" kann einerseits aus der Beschreibung dieser Besetzungsvorgänge, deren Gelingen und Mißlingen, deren Mischungsverhältnis, verstanden werden, zum anderen entscheiden auch die Inhalte dieser Selbstrepräsentanzen und deren Struktur über Erlebnis- und Verhaltensweisen, die als „narzißtisch" klassifiziert werden müssen.

Über die psychische Geburt des Menschen

Diese Erweiterungen der Strukturtheorie um eine Theorie der Objektbeziehungen, sei das „Objekt" nun eine andere Person oder das Individuum selbst, ermöglichten Forschungsansätze zur Klärung dessen, was Margaret S. Mahler et al. („Die psychische Geburt des Menschen", 1975/1978) die psychische Geburt des Menschen genannt haben. Die Ergebnisse dieser Forschergruppe führten zur Erstellung und Beschreibung mehrerer Entwicklungsphasen auf dem Wege der Separation und Individuation:

1. Die normale autistische Phase: ca. 1. Lebensmonat.

Der Säugling lebt vorwiegend auf der Basis seiner Instinkte (Reflexe) in einer Welt, in der er kaum etwas anderes wahrnimmt als seinen Körper. Die Aufgabe des Säuglings besteht in der Erhaltung eines inneren Gleichgewichts, das sich vorwiegend auf **physiologische Bedürfnisse** bezieht. Die Mutter hilft dem Kind, nicht von seinen Bedürfnissen und äußeren Reizen überflutet zu werden, und ist damit der wesentlichste Garant bei der Vermeidung traumatischer Situationen.

2. Die normale symbiotische Phase: ca. 1. – 5. Lebensmonat.

Die Bezeichnung „Symbiose" stellt eine Metapher dar. Anders als beim biologischen Symbiosekonzept beschreibt sie nicht, was zwischen getrennten Individuen verschiedener Spezies zu beiderseitigem Nutzen vor sich geht. Im Gegenteil, sie nimmt Bezug auf jenen Zustand der Undifferenziertheit, der Fusion mit der Mutter, in dem das „Ich" noch nicht unterschieden ist vom „Nicht-Ich" und Innen und Außen erst allmählich als verschieden empfunden werden. „Symbiose" ist ein intrapsychischer Zustand, der nicht beobachtbar ist, sondern nur erschlossen werden kann. „Das wesentliche Merkmal der Symbiose ist die halluzinatorisch-illusorische somatopsychische omnipotente Fusion mit der Mutter und insbesondere die illusorische Vorstellung einer gemeinsamen Grenze der beiden in Wirklichkeit getrennten Individuen." (M. S. Mahler, 1975/1978, 63–64).

Eine optimale symbiotische Erfahrung ist eine wesentliche Voraussetzung für die weiteren Schritte einer psychologischen Trennung von der Mutter. Während der Symbiose kommt es zu einer zunehmenden Abgrenzung der Repräsentanzen des eigenen Körpers. Die psychologischen Vorgänge finden als „Körperschema" (Paul F. Schilder, 1923) ihren Niederschlag. Dieses **Körper-Selbst**, das die Grundlage einer weiteren Differnzierung von inneren und äußeren Wahrnehmungen abgibt, enthält zweierlei Arten von Selbstrepräsentanzen: einen inneren Kern des Körperbildes, der die tiefste Schicht in unserem „Selbst-Gefühl" darstellt und um den herum sich später die „Identitätsgefühle" formen werden, und Engramme (Repräsentanzen), die durch sensoriperzeptive Wahrnehmungen zustande kommen und die die Abgrenzung des eigenen Körpers von der äußeren Welt zum Inhalt haben. Eine Verschiebung von der überwiegend propriozeptiv-enterozeptiven Besetzung auf die sensoriperzeptive Besetzung der Peripherie des Körpers stellt einen entscheidenden Entwicklungsschritt und eine wesentliche Vorbedingung für die Bildung eines Ichs dar. Die psychischen Strukturen, die aus dem dyadischen Bezugsrahmen hervorgehen, ergeben ein Gerüst, das alle weiteren Erfahrungen so integrieren helfen muß, daß es am Ende des Inviduations- und Separationsprozesses zu klaren und vollständigen Repräsentanzen im Ich vom Selbst und von der Objektwelt kommen kann. Von der emotionalen Bereitschaft der Mutter hängt es wesentlich ab, ob der symbiotische Zustand dem Kind eine reibungslose Differenzierung erlaubt, sodaß eine Ausdehnung über den symbiotischen Umkreis hinaus erfolgen kann.

3. Individuation und Separation

a) Die erste Subphase: Differenzierung; ca. 6. – 12. Lebensmonat.

Als Metapher für diese Phase können **„Brutzeit"** und **„Ausschlüpfen"** gelten. Das Kleinkind zeigt eine qualitativ ganz andere Wachheit als bisher, beginnt sich für seine Umgebung zu interessieren und diese einem ständigen **„Abtasten"** (**„scanning"**) zu unterziehen. Dieses hilft dem Kind, den eigenen vom Körper der Mutter zu unterscheiden (die Fähigkeit zur Unterscheidung von Objekten entwickelt sich rascher als die Fähigkeit, das „Selbst" von den Objekten zu unterscheiden). Bei diesem Prozeß der Abgrenzung wird die Mutter immer wieder mit anderen im Sinne eines **„Nachprüfens"** (**„checking back"**) verglichen. Bei Kindern, bei denen eine vertrauensvolle Erwartung als Grundeinstellung der Welt gegenüber vorherrscht, ist dieses Nachprüfen das hervorstechende Muster bei der Erforschung Fremder. Bei mangelhaft ausgeprägtem Urvertrauen aber reagieren die Kinder beim Erkennen fremder Personen mit dem abrupten Auftreten von **„Fremdenangst"**, die so stark und so akut werden kann, daß die Lust am Erforschen der Welt vorübergehend oder in besonders ungünstigen Fällen für immer verloren geht. Die fortschreitende Differenzierung der Selbst-Objekt-Repräsentanzen ermöglicht es dem Kleinkind, sich immer mehr von der Mutter weg zu bewegen und in ihrer Abwesenheit die Erinnerung an sie lebendig zu halten; die intrapsychischen Prozesse der Individuation-Separation bestehen augenscheinlich aus zwei ineinander verwobenen Entwicklungsaufgaben: zum einen die Individuation, d. h. die Ausbildung einer intrapsychischen Struktur, die psychische Autonomie ermöglicht, zum anderen die zunehmende Trennung und Loslösung von der Mutter, die Separation. Beide Prozesse müssen in eine psychische Strukturbildung münden, die schließlich und endlich zur Ausbildung von (internalisierten) Selbstrepräsentanzen und (internalisierten) Objektrepräsentanzen führt, die mit genügender Sicherheit und Stabilität voneinander getrennt gehalten und unterschieden werden können.

b) Die zweite Subphase: Übungsphase; ca.12. – 15. Lebensmonat.

In der frühen Übungsphase versucht das Kind, sich physisch mit allem ihm zur Verfügung stehenden motorischen Mitteln von der Mutter zu entfernen (Krabbeln, Watscheln, Klettern, Aufrichten etc.), aber dennoch in ihrer Nähe zu bleiben. Die eigentliche Übungsphase ist schon rein phänomenologisch durch den Erwerb des aufrechten Ganges gekennzeichnet. In diese Zeit fällt die Schaffung einer spezifischen Bindung an die Mutter und die Ausbildung funktionstüchtiger Ich-Apparate in enger Verbundenheit mit der Mutter. Diese Entwicklungen ebnen dem Kind den Weg, daß es sein Interesse an der Mutter auf unbelebte Objekte übertragen kann, bis die ganze

Welt zu einem Liebesobjekt geworden ist: das Kind in dieser Entwicklungsphase ist in eine **Liebesaffaire mit der Welt** und mit sich selbst eingetreten, die Stimmung ist dementsprechend eher etwas angehoben, kaum kann das Kind durch etwas erschüttert werden. Um die Mutter und deren Anwesenheit scheint es sich nicht zu kümmern. In seiner Verliebtheit in die Welt und in sich selbst geht die gesamte Energie in die Ausübung, Erprobung und Verbesserung seiner (körperlichen) Fähigkeiten auf, nur gelegentlich muß das Kind sich an die Mutter anlehnen, um „**aufzutanken**". Mit dem Erwerb des aufrechten Ganges ist ein Aufwallen allgemeinen körperlichen **Hochgefühls** und eine sensorische Empfänglichkeit verbunden, sowie eine gesteigerte Fähigkeit zur Realitätserkundung und Realitätsprüfung. Dies scheint ein ganz wichtiger Schritt zur Identitätsbildung zu sein.

c) Die dritte Subphase: Wiederannäherung; ca. 16. – 24. Lebensmonat.
Mit dem gesicherten Erwerb des aufrechten Ganges und der Ausbildung einer begrifflichen Intelligenz ist das Kind nun in der Lage, sich seines Getrenntseins von der Mutter in physischer wie auch in psychischer Hinsicht voll bewußt zu werden. Dies führt zu **gesteigerter Trennungsangst,** die zunächst hauptsächlich aus Furcht vor Objektverlust besteht: an die Stelle des relativen Nichtbeachtens der (anwesenden) Mutter tritt nun ein konstantes Interesse für den Aufenthaltsort der Mutter und ein **aktives (Wieder-)Annäherungsverhalten.** Das Kind benutzt alle nur erdenklichen Mechanismen, um sich gegen die Wahrnehmung und Erfahrung des faktischen Getrenntseins von der Mutter zu schützen. Zur selben Zeit schreitet die Individuation rasch voran. Die Wiederannäherungsphase ist charakterisiert durch diese Gleichzeitigkeit von heftigen inneren Strebungen („**Ambivalenz**"). Der Wunsch nach Wiedervereinigung mit dem Liebesobjekt als auch die Angst, von ihm erneut verschlungen zu werden, bestimmen zwei besonders typische Verhaltenweisen des Kleinkindes in der Wiederannäherungsphase: das „**Beschatten**" (das Kind beobachtet die Mutter unablässig und folgt jeder ihrer Bewegungen) und das „**Weglaufen**" (in der Erwartung, von der Mutter gejagt und dann in die Arme genommen zu werden). Das Erkennen des Geschlechtsunterschieds führt zu den beiden schon erwähnten Angstformen (Angst vor dem Objektverlust und Angst vor Liebesverlust) auch noch die Kastrationsangst als ein weiteres Angstmoment ein.

Zwischen dem 18. und dem 21. Lebensmonat kommt es zu einer Zuspitzung dieser Konflikte, sodaß von einer „**Wiederannäherungskrise**" gespochen wird: am deutlichsten zeigen sich die Auswirkungen dieser inneren Konfliktsituation des Kleinkindes an dessen Reaktionen auf kürzere Abwesenheiten der Mutter: „... wenn die wirkliche Mutter zurückkommt, kann es sein, daß das Kind einen heftigen Drang verspürt, so schnell wie möglich zu ihr zu laufen, und gleichzeitig einen ebenso heftigen Drang, sie zu übersehen, so als wollte es weitere Enttäuschungen vermeiden. Das Kleinkind mag die Mutter bei ihrer Rückkehr ignorieren oder Anstalten machen, zu

ihr hinzugehen, dann aber eine andere Richtung einschlagen und die Annäherungs-
versuche der Mutter zurückweisen. Im zweiten Fall hat es den Anschein, als sei die
abwesende zur „bösen" Mutter geworden und müsse deshalb ignoriert werden. Es
konnte aber auch vorkommen, daß der Mutterersatz in ambivalenter Weise gleichzeitig als „gute" und „böse" Mutter behandelt wurde, ebenso wie die ambivalent geliebte
Mutter selbst, wenn sie abwesend war. Wir beobachteten Kämpfe dieser Art in vielen
verschiedenen Variationen und Graden. Mit besonderer Deutlichkeit konnte man
während dieser Periode die Wurzeln vieler nur dem Menschen eigenen Probleme und
Dilemmata wahrnehmen: Probleme, die während des ganzen Lebenszyklus niemals
vollständig gelöst werden." (M. S. Mahler et al., „Die psychische Geburt des Menschen", 1975/1978, 130). Verhaltensmanifestationen dieser Wiederannäherungskri-
sen stellen u.a. auch Wutanfälle, Schreikrämpfe, Schlafstörungen, depressiv anmutenden Verstimmungen etc. dar. Gerade jetzt ist es besonders wichtig, daß sich die Mutter
vor ihrem Kind nicht zurückzieht oder allzu streng auf die Zwiespältigkeit des
Kleinkindes reagiert. Bleibt sie emotional erreich- und verfügbar, ist ihr Verhalten
weiterhin einigermaßen voraussagbar für das Kind, und fördert sie gleichzeitig mit
einem leichtem „Schubs" die Selbständigkeitstendenzen, so wird es dem Kind am
ehesten gelingen können, seine narzißtischen Besetzungen, die sich in „Selbst-
verliebtheit" und im Glauben an die eigene Allmacht äußern, in eine realistischere
Selbsteinschätzung umzuwandeln und Freude an der gewonnenen Autonomie zu
entwickeln. Bei weniger günstigen Verläufen äußert sich der Ambivalenzkonflikt in
einem raschen Wechsel von Anklammern und negativistischem Verhalten. Diese rasch
wechselnden Verhaltensweisen sind Ausdruck einer ihnen zugrunde liegenden
„Ambitendenz": die widerstreitenden Tendenzen sind noch nicht ganz, wie bei der
Ambivalenz, verinnerlicht. Dieses Phänomen der Ambitendenz kann als ein Hinweis
dafür gelten, daß das Kind die Objektwelt für eine längere Zeitspanne in „gut" und
„böse" gespalten hat, als es bei optimalem Verlauf üblich ist. Mittels dieser Spaltung
wird das „gute" Objekt gegen die Abkömmlinge der aggressiven Tendenzen ge-
schützt. Sowohl die Spaltung wie auch die Ausübung von Zwang gegenüber der Mutter
(indem sie bedrängt wird und gezwungen werden soll, als allmächtige Erweiterung
des Kindes zu fungieren) sind als Hautpmechanismen in der psychotherapeutischen
Arbeit mit erwachsenen **Borderline**-Patienten bekannt, sodaß die Vermutung nahe
liegt, daß diese Patienten auf diesem Entwicklungsniveau fixiert geblieben sind bzw.
darauf regredieren.

4. Die vierte Subphase: Konsolidierung der Individualität und die Anfänge der emotionalen Objektkonstanz; ca. ab 3. Lebensjahr.

Die psychologische Hauptaufgabe der vierten Stufe liegt in der Erringung einer **In-
dividualität** und der Erlangung eines gewissen Maßes an **Objektkonstanz.**

   Libidinöse Objektkonstanz bezeichnet die Errichtung einer positiv (libidinös) besetzten intrapsychischen Vorstellung einer Mutterfigur, wobei diese intrapsychische Repräsentanz Teil der strukturellen Organisation der Psyche geworden ist und diese damit auch mitstrukturiert.

Objektkonstanz impliziert die folgenden psychischen Errungenschaften:

- eine **grundsätzlich positive Beziehung zur mütterlichen Repräsentanz,** die aus der Lösung der intrapsychischen und interpersonellen Wiederannäherungskonflikte hervorgegangen ist;
- die „guten" und die „bösen" Aspekte der mütterlichen Repräsentanzen wurden zu einer **Gesamtrepräsentanz** vereinigt, was eine Veringerung der Ambivalenz und der Neigung, Regression und Spaltung einzusetzen, zur Folge hat;
- die **Vorstellung von der Mutter** ist dem Kind **intrapsychisch verfügbar** zur **Herstellung von Wohlbefinden,** so wie es die tatsächliche Mutter mit ihrer Anwesenheit zu erreichen vermochte.

Die Errichtung der (affektiven) **Objektkonstanz** hängt einerseits von der allmählichen Verinnerlichung einer beständigen, positiv besetzten Mutterfigur ab; zum anderen beinhaltet die Objektkonstanz auch die Vereinigung von „guten" und „bösen" Objektrepräsentanzen zu einer Gesamtrepräsentanz des Objektes. Dadurch wird die Mischung von aggressiven und libidinösen Trieben gefördert und der Haß auf das Objekt gemildert, sobald heftige Aggressionsgefühle auftauchen.

Die Ausbildung einer **Selbst-Repräsentanz** und einer Selbst-Konstanz folgt im wesentlichen denselben Entwicklungsbedingungen: im Alter von 18 Lebensmonaten hat das Kind seine Vorstellung von sich selbst derart gefestigt, daß es sich beim eigenen Namen nennt, sich im Spiegel erkennt und sich und die Mutter auf Fotografien zu unterscheiden weiß. Von sich selbst spricht es als eigene Person und bezeichnet sich als „Ich". Die Sprachentwicklung macht rasante Fortschritte. Zunehmend entwickeln sich Fantasien beim Spielen und werden darüber hinaus immer komplexer. Entscheidend für ein sicheres Selbst-Gefühl sind die vielfältigen Identifizierungen, die das Kind mit seinen Eltern bewerkstelligen muß und die ihm helfen sollen, eine funktionierende Ich-Struktur zu erzielen. Unter günstigen Bedingungen beendet das Kleinkind die Wiederannäherungsphase mittels selektiver Ich-Identifizierungen, die ein realistisches Selbst-Gefühl und eine Selbst-Konstanz ermöglichen. Das Kleinkind ist jetzt in der Lage, sich selbst als getrennte und eigene Person wahrzunehmen und zu schätzen. „**Gute" und „böse" Selbst-Repräsentanzen** sowie **Körper-Selbst-Repräsentanzen** wurden in ein **einheitliches Selbst** integriert, sodaß Autonomie, Individuation, Selbst-Konstanz und Zusammenhalt des Selbst als psychisch strukturierte Einheit einigermaßen gesichert zu sein scheint und die Ausgestaltung dieser psychischen Organisationsformen während der weiteren Lebensabschnitte, besonders während der ödipalen Periode möglich geworden ist.

„Während des gesamten Verlaufs von Loslösung und Individuation besteht eine der wichtigsten Entwicklungsaufgaben des sich entfaltenden Ichs darin, angesichts des allmählich zunehmenden Gewahrwerdens der Getrenntheit mit dem Aggressionstrieb fertig zu werden. Inwieweit dies gelingt, hängt von der Stärke des primitiven Ichs ab, d. h. von der Ausgeglichenheit seiner Strukturierung. Dies befähigt das Kind, neutrale oder neutralisierte Aggression im Dienste des Ichs zu nutzen, und hilft ihm, die Getrenntheit zu akzeptieren, ohne von den altersspezifischen Ängsten – Angst vor Objektverlust, Angst vor Liebesverlust, Trennungsangst und/oder Kastrationsangst – überwältigt zu werden. Wir erkannten, daß die stufenweise fortschreitende Ersetzung des Lustprinzips durch das Realitätsprinzip – das stufenweise fortschreitende Gewahrwerden des intrapsychischen Prozesses der Differenzierung der Selbst-Repräsentanzen von den Objekt-Repräsentanzen mittels Identifikation – auf gewundenen Pfaden vor sich geht. Der primäre Narzißmus des Kindes, sein Glaube an die eigene Allmacht und die der Eltern, muß allmählich aufgehoben werden, d. h., an seine Stelle muß das selbständige Funktionieren treten. Die aggressive Schwungkraft der angeborenen Gegebenheit – des Individuationsdranges – muß mit neutralisierter Energie besetzt werden, ohne daß es zu unangemessener Beeinflussung durch Ambivalenz kommt. Dies sichert die beginnende Besetzung des Selbst mit gesundem Narzißmus, ermöglicht den Ich-Apparaten die Erreichung sekundärer Autonomie, erlaubt nicht zuletzt die Besetzung der Objektwelt mit einem gewissen Maß neutralisierter Libido und fördert auf diese Weise die Sublimierung." (M. S.Mahler et al., „Die psychische Geburt des Menschen", 1975/1978, 280–281).

Selbstwertregulierung

„Die Entwicklung des Ichs besteht in einer Entfernung vom primären Narzißmus und erzeugt ein intensives Streben, diesen wiederzugewinnen". (S. Freud, 191, Ges. W. X, 167). Dieser primäre Narzißmus als Verwirklichung des Wohlbefindens eines spannungsfreien Ich-Zustandes ist von Freud per definitionem immer als ein objektloser Zustand beschrieben worden (**„ozeanisches Gefühl"** als Ausdruck einer primär-narzißtischen Phantasie). Weitere Untersuchungen dieser Zustände haben ergeben, daß Freuds Konzeptualisierungen ergänzt werden müssen durch Annahmen einer intensiven Besetzung der Umgebung des Säuglings im Sinne von hoher Abhängigkeit und Irritierbarkeit. Diese von Michael Balint („Frühe Entwicklungsstadien des Ichs. Primäre Objektliebe",1937/1969) als **primäre Liebe** bezeichnete Einstellung bezieht sich nicht auf fest umrissene Objekte, sondern auf etwas wie „Substanz und Ausdehnung ohne Grenzen", am ehesten vergleichbar einer harmonischen Verschränkung wie von Lunge und Luft oder von Fisch und Meer. Diese Zustände des Wohlbefindens werden auch unter dem Titel der **Allmachtsgefühle** beschrieben, die anfangs lediglich durch die Empfindungen von Erregungen begrenzt werden und zu unkoordinierten Abfuhrbewegungen führen. Die Sehnsucht nach diesen Gefühlszuständen („Allmacht",

„primäre Liebe", „primärer Narzißmus", „ozeanisches Gefühl", „ungetrübte Harmonie", etc.) bleibt das ganze Leben über bestehen und wird als **„narzißtisches Bedürfnis"** bezeichnet. Das **„Selbstwertgefühl"** drückt die erreichte Nähe zu diesem ursprünglichen Zustand aus. Die ersten Methoden einer Regulierung des Selbstwertgefühls entstehen aus der Tatsache, daß die erste Sehnsucht nach Objekten den Charakter einer Sehnsucht nach der Entfernung störender Unlust besitzt und daß die Befriedigung durch ein Objekt dieses eliminiert und den narzißtischen Zustand wiederherstellt. Die Sehnsucht nach der Wiederherstellung des Gefühls einer ungetrübten Harmonie und die Sehnsucht nach der Aufhebung von Triebspannungen sind noch nicht voneinander geschieden. Gelingt es, sich von einem störenden Reiz durch Befriedigung zu befreien, so ist das Selbstwertgefühl wiederhergestellt. Die erste Quelle von Befriedigungen aus der Außenwelt, die Nahrungsaufnahme, ist zugleich der erste Regulationsmechanismus des Selbstwertgefühls. Im Laufe der weiteren Entwicklung löst sich zwar der Zusammmenhang von narzißtischen und unmittelbar triebhaften Bedürfnissen, das Kind bleibt aber weiterhin mit seiner imperativen Sehnsucht nach Zuneigung als Garant der Beherrschung von Triebansprüchen und narzißtischen Bedürfnissen an die Mutter (Eltern) gebunden. Diese Erfahrung einer auch unlustvollen Abhängigkeit von der Mutter ist verknüpft mit intensiven Gefühlen der Hilflosigkeit, Angst und Wut, die sich, werden die sich daraus ableitenden Signale des Säuglings nicht rechtzeitig von der Umgebung (Mutter, Eltern) erkannt, zu Erfahrungen von Erschöpfung, von extremer Hiflosigkeit (Panik) und Depression steigern können. Durch solche traumatische Erlebnisse, die vermutlich keinem Menschen ganz erspart werden können, erfährt die Sehnsucht, von einem mächtigen (allmächtigen) Erwachsenen Schutz und Sicherheit geboten zu bekommen und an seiner Allmacht teilzunehmen, neue Nahrung. Erst die Entwicklung des Über-Ichs und des Ich-Ideals als einer speziellen Funktion des Über-Ichs erlaubt eine zunehmende und relative Unabhängigkeit von der Zuneigung der anderen bei der Regulierung des Selbstwertgefühls.

Das **Ich-Ideal** ist eine Instanz der Persönlichkeit, die dem Individuum als Vorbild gilt und an das es sich anzugleichen versucht. Der zu erreichende Idealzustand wird als Ideal-Selbst beschrieben, die Abweichungen des Real-Selbst (das tatsächlich erreichte Ergebnis) vom Ideal-Selbst bestimmen die Gefühle auf der Skala des Selbstwertgefühls.

Ein Teil der Beziehungen zu den Menschen bleibt weiterhin von den Bedürfnissen nach Wertschätzung bestimmt. Dies wird an Personen, die auf diesem Stadium der Selbstwertregulierung fixiert geblieben sind, besonders gut sichtbar: sie benötigen ständig eine ihren Narzißmus stabilisierende Zuwendung von außen. Eine grundsätzliche Selbstbilligung ungeachtet der eigenen Fehler (die wahrzunehmen – und eventuell zu verändern – man um so besser ertragen kann, je sicherer man dieser Selbstbilligung sein kann) sind Vorbedingungen seelischer Gesundheit. **Selbstliebe** und Verfolgung des **Selbstinteresses** sind nicht identische Strebungen. Tatsächlich kann (pathologische) Selbstliebe dem Selbstinteresse sehr im Wege stehen, sodaß die realistische Verfolgung eigener Interessen oft die Möglichkeit einer Aufopferung der Selbstliebe zur Voraussetzung hat.

Narzißmus und Objektbeziehung

In seinen Versuchen zu verstehen, warum man jemanden lieben kann, beschrieb Freud zwei Grundbedingungen, nach denen man liebt (S. Freud, 1914, Ges. W. X, 156–157):

- nach dem **Anlehnungstyp;** der Mensch liebt dann diese Person, weil sie seine Bedürfnisse stillt, so wie er die Mutter liebte, weil sie ihn ernährte, oder den Vater, der ihn schützte. Da die Liebesgefühle sich an die Erfahrung der Bedürfnisbefriedigung anlehnen, heißt dieser Typ der Objektwahl „Anlehnungstypus".
- nach dem **narzißtischen Typus;** die Person wird deshalb geliebt, weil sie dem Bild der eigenen Person gleicht in dem, was man selbst ist, was man selbst war, was man selbst sein möchte, oder weil die Person ein Teil des eigenen Selbst war.

Narzißmus und Psychopathologie

„Narzißmus" ist bei allen psychopathologischen Phänomenen beteiligt und muß dementsprechend theoretisch berücksichtigt werden.

- Im Vordergrund steht er bei den **Psychosen,** die als Regression auf das Entwicklungsstadium des (primären) Narzißmus bzw. auf noch frühere Entwicklungsstadien (Autoerotismus) aufgefaßt werden können.
- Er spielt eine wesentliche Rolle bei den **narzißtischen Persönlichkeitsstörungen,** die als **libidinöse / aggressive Besetzung eines pathologischen Selbst** (Größen-Selbst) beschrieben wurden. Das (pathologische) Größen-Selbst unterscheidet sich vom normalen infantilen Narzißmus (libidinöse Besetzung eines normalen Selbst) durch die libidinöse Besetzung einer pathologischen Selbststruktur, die Real-Selbst, Ideal-Selbst und Ideal-Objektvorstellungen in sich vereint.
- Die **narzißtische Persönlichkeitsstörung** stellt eine spezifische Form einer schweren Charakterpathologie dar. Oberflächlich betrachtet zeigen diese Menschen kaum gröbere Störungen und funktionieren in weiten Bereichen sozial äußerst effektiv. Erst bei genauerer Kenntnis ihrer zwischenmenschlichen Beziehungen erweisen sie sich als extrem selbstbezogen, häufig ausbeuterisch und parasitär bei einer starken Neigung, übertrieben neidisch auf andere zu sein, und einem ausgeprägtem Bedürfnis, geliebt und bewundert zu werden, wobei diejenigen, von denen sie sich narzißtische Zufuhr erwarten, idealisiert werden, während diejenigen, von denen sie sich gerade nichts erwarten, abgewertet und verachtet werden. Im Wider-

spruch zu ihrem aufgeblasenen Selbstwertgefühl stehen ihre übertriebenen Minderwertigkeitsgefühle. Ihr emotionales Leben ist flach, sie fühlen sich häufig ruhelos und gelangweilt. Aufgrund ihres großen Bedürfnisses nach Bewunderung könnte man sie von anderen übermäßig abhängig einschätzen, in Wirklichkeit aber sind sie zutiefst unfähig zu echter Abhängigkeit und Liebe, da sie den anderen mißtrauen, sie entwerten und (unbewußt) alles verderben, was sie empfangen.

Diagnostische Kriterien der Narzißtischen Persönlichkeitsstörung ("Diagnostisches und Statistisches Manual Psychischer Störungen, DSM-III-R", American Psychiatric Association, 1987/1989, 424): Ein durchgängiges Muster von Großartigkeit (in der Fantasie oder Verhalten), Mangel an Einfühlungsvermögen, Überempfindlichkeit gegenüber Einschätzung durch andere. Der Beginn liegt im frühen Erwachsenenalter, und die Störung manifestiert sich in den verschiedenen Lebensbereichen. Mindestens fünf der folgenden Kriterien müssen erfüllt sein: Der Betroffene

a) reagiert auf Kritik mit Wut, Scham oder Demütigung (auch wenn dies nicht gezeigt wird);

b) nützt zwischenmenschliche Beziehungen aus, um mit Hilfe anderer die eigenen Ziele zu erreichen;

c) zeigt ein übertriebenes Sebstwertgefühl, übertreibt z. B. die eigenen Fähigkeiten und Talente und erwartet daher, selbst ohne besondere Leistung als "etwas Besonderes" Beachtung zu finden;

d) ist häufig der Ansicht, daß seine Probleme einzigartig sind und daß er nur von besonderen Menschen verstanden werden könne;

e) beschäftigt sich ständig mit Phantasien grenzenlosen Erfolges, Macht, Glanz, Schönheit oder idealer Liebe;

f) legt ein Anspruchsdenken an den Tag: stellt beispielsweise Ansprüche und übermäßige Erwartungen an eine bevorzugte Behandlung, meint z. B., daß er sich nicht wie alle anderen auch anstellen muß;

g) verlangt nach ständiger Aufmerksamkeit und Bewunderung, ist z. B. ständig auf Komplimente aus;

h) zeigt einen Mangel an Einfühlungsvermögen: kann z. B. nicht erkennen und nachempfinden, wie andere fühlen, zeigt sich z. B. überrascht, wenn ein ernsthaft kranker Freund ein Treffen absagt;

i) ist innerlich sehr stark mit Neidgefühlen beschäftigt.

• Die **narzißtische Objektwahl** ist dort, wo sie pathologische Formen annimmt, durch die Ausbildung eines Selbst charakterisiert, das mit einem Objekt identifiziert ist, auf das Vorstellungen des infantilen Selbst projiziert wurden. In der resultierenden Beziehung sind die Funktionen von Selbst und Objekt ausgetauscht. Die Selbststruktur aber ist normal integriert und die Welt der Objekte (der Objektbeziehungen) ist normal internalisiert worden.

- **Infantile narzißtische Züge** können durch Regression oder Fixierung ein wichtiges Merkmal bei pathologischen Charakterstrukturen werden. Diese Form von Narzißmus ist allerdings durch eine normale infantile Selbststruktur und eine normale internalisierte Welt der Objektbeziehungen gekennzeichnet. Pathologie entsteht und entstammt lediglich der übermäßigen Besetzung dieser Selbststruktur.

9.Vorlesung

Psychoanalytische Metapsychologie

Lehrziel:
Allgemeine Grundlagen der psychoanalytischen Theorie

Weiterführende Literatur:
D. RAPAPORT: Die Struktur der psychoanalytischen Theorie; Klett-Cotta.

Stichworte:
Psychoanalytische Metapsychologie; der empirische, der gestalt-, der organismische, der genetische, der topographische, der dynamische, der ökonomische, der strukturelle, der adaptive und der psychologische Gesichtspunkt

Metapsychologie

Definition: Die Metapsychologie, ein Begriff, den S. Freud in die Psychoanalyse einführte, umfaßt die Gesamtheit der theoretischen Annahmen der Psychoanalyse, die, mehr oder weniger von der (klinischen) Erfahrung entfernt, zu abstrakten Modellvorstellungen zusammengefaßt werden können.

David Rapaport hat mit seinem Werk „Die Struktur der psychoanalytischen Theorie" 1959 den Versuch unternommen, die Psychoanalyse als „Verhaltenswissenschaft" zu klassifizieren und einer dementsprechenden Systematisierung zu unterziehen.

Bei der Strukturierung des Systems der Psychoanalyse formulierte Rapaport die folgenden axiomatischen Sätze:

1. **Das Objekt der Psychoanalyse ist Verhalten (der empirische Gesichtspunkt).**
Verhalten wird dabei in weitestem Sinn definiert und umfaßt sowohl Gefühle wie Denken als auch sichtbares Verhalten. Ausgangspunkt ist das Prinzip der durchgehenden psychologischen Determinierung allen Verhaltens, einem psychoanalytischen Anspruch, der von Anfang an erhoben wurde und von Heinz Hartmann, einem der bedeutendsten Ich-Psychologen, dahingehend präzisiert wurde, daß die Psychoanalyse eine Theorie der gesamten Psychologie ist, die sowohl das normale wie das pathologische Verhalten einschließt.

2. **Jedes Verhalten ist integral und unteilbar: die zu seiner Erklärung dienenden Begriffe beziehen sich auf seine verschiedenen Komponenten und nicht auf verschiedene Verhaltensweisen (der Gestalt-Gesichtspunkt).** Kein Verhalten kann als Es-Verhalten oder als Ich-Verhalten beschrieben werden. Diese Begriffe beziehen sich alle auf spezifische Aspekte des Verhaltens und nicht auf ein spezifisches Verhalten. Jedes Verhalten hat bewußte, unnbewußte, Ich-, Es-, Über-Ich-, Realitäts- etc. Aspekte und entspricht damit den psychoanalytischen Vorstellungen einer mehrfachen Determiniertheit allen Verhaltens (alles Verhalten ist überdeterminiert).

3. **Kein Verhalten steht isoliert: Alles Verhalten ist das der integralen und unteilbaren Persönlichkeit (der organismische Gesichtspunkt).** Die Erklärung jeden Verhaltens muß in die Theorie der Vorgänge der Gesamtpersönlichkeit passen, will man nicht zu einer fragmentierten Auffassung von Verhalten kommen, die der Einheit des Verhaltens und der Persönlichkeit nicht gerecht werden kann.

4. **Alles Verhalten ist Teil einer genetischen Reihe und, durch seine Vorläufer, Teil der zeitlichen Aufeinanderfolgen, die die gegenwärtige Form der Persönlichkeit hervorgebracht haben (der genetische Gesichtspunkt).** Verhalten wird so als das Endprodukt von kumulativer Erfahrung und angeborener Gesetze des Organismus verstanden und kann auf seine Vorläufer und Entstehungsbedingungen hin untersucht werden. Das, was hier und jetzt vor sich geht und eine Wirkung ausübt, kann vielfach nur durch eine genetische Erforschung dessen, was voranging, verstanden werden. Identische Verhaltensweisen können dementsprechend ganz verschiedene psychologische Bedeutungen besitzen. Jedes Verhalten ist Teil einer historischen Aufeinanderfolge, wobei jeder Abschnitt in diesem Prozeß zur Bildung des Verhaltens einen Beitrag leistet. Alle Verhaltensformen zeigen eine abnehmende Tendenz, durch ihre Wiederholung weiter geformt zu werden; d. h. sie werden zunehmend automatisiert und damit unabhängig (autonom) von ihren genetischen Ursprüngen. Als Entwicklungspsychologie befaßt sich die Psychoanalyse mit den genetischen Ursprüngen von Verhaltensweisen und mit dem Ausmaß an Autonomie, das diese Verhaltensweisen angenommen haben können.

5. **Die entscheidenden Determinanten des Verhaltens sind unbewußt (der topographische Gesichtspunkt).** Mit diesem Satz grenzt Rapaport psychoanalytische Vorstellungen über unbewußte psychologische Vorgänge von Vorstellungen anderer psychologischer Schulen über „unbemerkte", „nicht wahrgenommene" oder „nicht wahrnehmbare" Determinanten des Verhaltens ab.

   a) Die Psychoanalyse faßt das, was nicht wahrgenommen oder nicht wahrnehmbar ist, ausdrücklich in Begriffe.

   b) Die Psychoanalyse behauptet, daß aus dem, was vom Subjekt (und/oder dem Beobachter) wahrgenommen wird, mit Hilfe der Auswirkungen des Nicht-

Wahrgenommenen und/oder des Nicht-Wahrnehmbaren auf das Wahrgenommene, das Nichtwahrgenommene oder Nicht-Wahrnehmbare erschlossen werden kann.

c) Die Psychoanalyse behauptet, daß die Gesetze, die das Wahrgenommene beherrschen, sich von denen unterscheiden, die das Nicht-Wahrgenommene beherrschen, und daß angesichts der Abweichungen des Wahrgenommenen von seinen üblichen Formen auf das Nicht-Wahrgenommene geschlossen werden kann.

d) Die Psychoanalyse trifft eine systematische Unterscheidung zwischen dem Nicht-Wahrgnommenen und dem Nicht-Wahrnehmbaren (das Nicht-Wahrgenommene kann bewußt werden, während das Nicht-Wahrnehmbare dies nicht kann).

e) Während andere Psychologien das Nicht-Wahrnehmbare in nicht-psychologischen Termini abhandeln, behandelt die Psychoanalyse es konsequent in psychologischen Begriffen, wie Motivation, Affekte, Gedanken etc.

6 **Alles Verhalten ist letzten Endes triebbestimmt (der dynamische Gesichtspunkt).** Zwei Beobachtungen sind es, die dieser axiomatische Satz zur Voraussetzung hat:

a) Verhalten wird nicht ausschließlich durch äußere Reize ausgelöst, sondern tritt oft auch ohne diese, wie spontan ein.

b) Verhalten weist eine Zielbestimmtheit, einen zweckmäßigen Charakter auf. Der Trieb wird als ein dem Organismus innewohnendes Agens definiert und kann somit als Erklärung für die scheinbare „Spontaneität" des Verhaltens gelten. Steht am Beginn psychischer Entwicklung die unmittelbare Triebbefriedigunng im Vordergrund von „Motivation", so werden doch zunehmend durch die Fähigkeit zu einem Befriedigungsaufschub Ersatzziele und psychische Tätigkeiten, die als Mittel zum Zweck angesehen werden können, ermöglicht und erforderlich. Letztendlich schreibt „Trieb" lediglich den Vollzug im engeren Sinne vor, während er für alle anderen dazwischengeschalteten Verhaltensweisen das Motivationsgerüst abgibt. Dieses Konzept der Motivation liefert nicht nur für die Spontaneität und die Zielbestimmtheit des Verhaltens eine Begründung, sondern auch für Verhaltensweisen, die durch äußere Reize hervorgerufen werden, da letztere als Triebobjekte oder deren Ersatz aufgefaßt werden können. Mit der Entwicklung der Ich-Psychologie handelt es sich auch nicht mehr um die Frage – wie es der Psychoanalyse fälschlich vorgeworfen wird – , inwieweit Verhalten „letztlich und nur triebbestimmt" ist. Vielmehr geht es um die Gewichtung von Faktoren (Triebe, Abwehrmechanismen, strukturelle Einflüsse), d. h. in welcher Hinsicht und welchem Ausmaß jede dieser Einflußgrößen das tatsächliche Verhalten bestimmen konnte.

7. **Alles Verhalten führt seelische Energie ab und wird durch seelische Energie reguliert (der ökonomische Gesichtspunkt).** Diese psychischen Energien sind nicht mit den bekannten Arten biochemischer Energie gleichzusetzen, auch wenn manche von Freuds Formulierungen (Entropie, Energieaustausch, Energieabfuhr, etc.) das nahezulegen scheinen. Entscheidend allerdings ist die Annahme der Möglichkeit von Qualitätsunterschieden, die „Triebenergien" annehmen können: dieser Qualitätsunterschied (Mobilität versus Maß an Neutralisierung) wird mit dem Konzept der „(Trieb-)Neutralisierung" gefaßt und entspricht dem beobachtbaren Unterschied zwischen Zwangsgedanken und „freien" Gedanken, zwischen Zwangshandlungen und Handlungen nach „freier" Entscheidung. Die tatsächlich zu beobachtenden Verhaltensweisen sind so auf einem Kontinuum von Phänomenen entsprechend einem Neutralisierungsprozeß angeordnet, das als theoretische Extreme die dichotomen Konstrukte „Primärprozeß" und „Sekundärprozeß" aufweist. „Alles Verhalten hat sowohl Primärprozeß- als auch Sekundärprozeß-Aspekte, obgleich der eine oder der andere vorherrschen kann. Der Primärprozeß arbeitet mit Triebenergien. Sein regulatives Prinzip ist die Tendenz zur Triebentspannung (Lustprizip): er strebt nach sofortiger Entladung von Energieanhäufungen auf direktem Wege wie auch mit Hilfe der Mechanismen der Verschiebung, Verdichtung, Ersatzbildung und Symbolisierung. Der Sekundärpozeß arbeitet nach dem Prinzip des geringsten Kraftaufwandes, ist auf die objektive Realität hin orientiert und findet durch Aufschub und Unwege, durch experimentelles Handeln in Gedanken den sichersten Weg zum erstrebten Objekt in der Wirklichkeit, wobei er die Entladung von Triebenergien hinausschiebt, bis das Objekt gefunden ist. Im Laufe der Entwicklung entstehen hierarchisch geschichtete Strukturen (Abwehrmechanismen und Kontrollen), die als „Dämme" wirken. Sie verzögern oder verhindern nicht nur die Entladung, sondern setzen auch die Tendenz der Triebe zu unmittelbarer Abfuhr herab. Diese Strukturen werden so aufgefaßt, als würden sie durch „Bindung" von Tiebenergie gebildet, um die ursprünglich gegebene Triebabfuhrschwelle zu erhöhen. Ihre Wirkung, die Tendenz der Triebe zu sofortiger Entladung zu verringern, wird im Begriff der „Neutralisierung" erfaßt." (D. Rapaport, 1960, 54–55).

8. **Alles Verhalten hat strukturelle Determinanten (der strukturelle Gesichtspunkt).** Die erste psychoanalytische Theoriebildung ging davon aus, daß alles Verhalten durch „Konflikt" bestimmt ist. Wenn sich auch an dieser Aussage bis heute nichts geändert hat, so kam doch die Beobachtung hinzu, daß weder Verhalten im allgemeinen noch Symptombildungen im speziellen durch Triebe eindeutig bestimmt werden können. Auch erschienen die mit den Trieben in Konflikt stehenden Faktoren, die das Verhalten mitbestimmen, weniger veränderlich in ihrer Einwirkung als die Triebe mit ihrem oft paroxysmalen oder stark veränderlichem Ablauf. Die Feststellung dieser relativ beharrlichen Determinanten von Verhal-

tensweisen ist die eigentliche Grundlage, auf der der Begriff der Struktur errichtet wurde. Die theoretische Formulierung der „Strukturtheorie" wurde notwendig, als sich herausstellte, daß diese strukturellen Determinanten ebenfalls und vorwiegend unbewußt sind. Diese ersten strukturellen Vorstellungen mündeten in die Formulierung einer psychischen Strukturvorstellung in Form von Ich, Es und Über-Ich. Die Folgen dieser strukturellen Überlegungen sind bis heute fruchtbar geblieben bei weiteren psychoanalytischen Erforschungen des Ichs, des Über-Ichs und jüngst auch der Objektbeziehungen als internalisierte psychische Strukturen, die besonders bei Borderlinepatienten neue Behandlungsmöglichkeiten eröffneten. Zusammenfassend stellt Rapaport folgende Gründe für die Einführung eines psychoanalytischen Strukturbegriffs auf:

a) Die strukturellen Determinanten des Verhaltens wurden als vermittelnde Variablen eingeführt, welche der Beobachtung Rechnung tragen, daß Motivationen das Verhalten nicht in einem eins-zu-eins Verhältnis determinieren.

b) Strukturelle Determinanten unterscheiden sich von motivierenden Determinanten, insofern sie relativ dauerhaft sind: ihr Veränderungstempo ist relativ langsam.

c) Es gibt sowohl angeborene als auch erworbene Strukturen: Apparate von primärer und sekundärer Autonomie.

d) Strukturbildung formt die Motivationen um und veranlaßt das Entstehen neuer Motivationen von höherer Neutralisierung.

e) Strukturen und die aus ihnen erwachsenden Motivationen können zu relativ autonomen Determinanten des Verhaltens werden. (D. Rapaport, 1960, 61).

9. **Alles Verhalten wird durch die Realität bestimmt (der adaptive Gesichtspunkt).** Als Realität definiert Rapaport eine äußere Wirklichkeit, die die äußeren Reizquellen einschließlich des Körpers des Subjekts, aber ausschließlich der somatischen Quellen von Trieben und Affekten umfaßt und die die Antithese zur psychologischen Realität bildet. „Der Mensch ist potentiell nicht nur einer durchschnittlich zu erwartenden Umgebung im voraus angepaßt, sondern einer ganzen sich entfaltenden Reihe solcher Umgebungen. Diese Umgebungen, denen der Mensch sich anpaßt, sind nicht objektive, sondern vielmehr soziale Umgebungen, die seiner Entwicklung und Reifung halbwegs entgegenkommen: soziale Modalitäten (z. B. die sozial gebilligten Formen des ‚Besitzergreifens') pflegen, wählen und zähmen seine sich entfaltenden ‚Modi' (z. B. den inkorporierenden oralen Modus) des Verhaltens." (D. Rapaport, 1960, 65–66).

10. **Alles Verhalten ist sozial determiniert (der psychosoziale Gesichtspunkt).** Weder paßt sich das Individuum der Gesellschaft an, noch preßt die Gesellschaft das Individuum in ihre Form; vielmehr bilden Gesellschaft und Individuum eine Einheit, innerhalb derer eine wechselseitige Regulierung stattfindet. Die ver-

schiedenen dissidenten psychoanalytischen Schulen lassen sich zumeist in deren Preisgabe des einen dieser beiden, einander ergänzenden Pole bzw. als deren Überbetonung beschreiben:

- entweder erscheint die Einordnung in die Gesellschaft als wesentlichstes therapeutisches Ziel (womit Forderungen der Umwelt ungebührlich in den Vordergrund gestellt und Wesen und Existenz der Triebe außer Acht gelassen werden, sodaß damit wissentlich oder unwissentlich das Über-Ich gestärkt wird),
- oder aber es wird der Gesellschaft einseitig die Verantwortung für die psychischen Leidenszustände zugeschoben, sodaß als therapeutisches Ziel soziale Rebellion gefördert wird und einseitig Partei für den Patienten (für das Es) gegen die Gesellschaft ergriffen wird.

Die therapeutische Grundeinstellung der klassischen Analyse war und ist es, keine Partei oder beide zu ergreifen (Anna Freud hat in diesem Zusammenhang von einer Äquidistanz zu Es, Ich und Über-Ich als optimaler Einstellung des Analytikers gesprochen). Vielleicht ist es gerechtfertigt, in diesen „Abweichungen" Indizien einer Auseinandersetzung um die relative Autonomie des Ichs von der sozialen Wirklichkeit zu sehen, wie dies Rapaport behauptet; dann darf aber der Beitrag dieser dissidenten Schulen zur Formulierung dieses sozialen Gesichtspunktes nicht unterschätzt werden. „Die sozialen Einrichtungen sind Vorbedingungen der individuellen Entwicklung, und das Verhalten des sich entwickelnden Individuums wiederum ruft die Hilfe hervor, die die Gesellschaft durch ihre erwachsenen Mitglieder erteilt, gelenkt durch die Einrichtungen und Traditionen dieser Gesellschaft. Die Gesellschaft ist nicht ein bloßer Verbieter oder Versorger; sie ist die notwendige Matrix der Entwicklung allen Verhaltens. Tatsächlich hängt die des Ich, des Über-Ich und vielleicht aller Strukturen von der sozialen Matrix ab: Verhalten wird von ihr bestimmt und ist nur innerhalb ihrer möglich." (D. Rapaport, 1960, 69–70)

Die Lektüre der vorliegenden einführenden Darstellung der Tiefenpsychologie, erstellt unter Zuhilfenahme der Vorlesung „Einführung in
die Tiefenpsychologie I" (WS 90/91), soll es Studierenden, Ärzten und
Psychotherapeuten ermöglichen, den Sinn bestimmter psychologischer
Phänomene zu erfassen und damit auch die Grenzen der Veränderbarkeit
der therapeutischen Beeinflussung abzustecken.